名师名校名校长

凝聚名师共识
回应名师关怀
打造名师品牌
培育名师群体

宁彦来◎著

物理教学的

思辨与实践

陕西师范大学出版总社

图书代号　JY24N2263

图书在版编目（CIP）数据

物理教学的思辨与实践 / 宁彦来著. -- 西安 ：陕西
师范大学出版总社有限公司，2024. 10. -- ISBN 978-
7-5695-4845-7

Ⅰ．G633.72

中国国家版本馆CIP数据核字第2024NN8540号

物理教学的思辨与实践
WULI JIAOXUE DE SIBIAN YU SHIJIAN

宁彦来　著

出 版 人	刘东风
出版统筹	杨　沁
特约编辑	刘彦妮
责任编辑	宫梦迪　李少莹
责任校对	赵　倩
封面设计	言之凿
出版发行	陕西师范大学出版总社
	（西安市长安南路199号　　邮编 710062）
网　　址	http://www.snupg.com
印　　刷	北京政采印刷服务有限公司
开　　本	710 mm×1000 mm　　1/16
印　　张	13.5
字　　数	200千
版　　次	2024年10月第1版
印　　次	2024年10月第1次印刷
书　　号	ISBN 978-7-5695-4845-7
定　　价	58.00元

读者使用时若发现印装质量问题，请与本社联系、调换。
电话：（029）85308697

序 言

　　这本书很好地诠释了陶行知先生的"生活即教育"理念，阐述了如何把物理知识融入学生的生活，让学生在生活中快乐主动地学习，同时为班主任做好工作提供了科学实用的方法。在新课程改革背景下，书中对项目化学习和学生德育工作做了非常有益的探索。

　　教育只有扎根于生活，才会有鲜活的生命力。如果我们只重视知识的讲授，轻视学生在体验中的感悟，就会导致学生学习兴趣下降，课堂因此而失去应有的活力。把学生置身于个体与生活世界的各种交互关系之中，让学生在认知的同时，积极主动地去发现、感受。让学生用自己喜欢的方式在活动中体验，在体验中感悟，在感悟中成长。在物理课后作业改革和项目化学习方面，作者也做了一些探索，力求减轻学生课业负担，建立一种新的物理课外作业模式：从2004年开始，作者让学生养成随身携带一支笔和一个小本的习惯，通过书写物理日记，及时记录日常生活中和学习中的物理问题或突然领悟到的知识。

　　曾有同学在学完"流体压强与流速的关系"后提出了自己的发现：雨天骑自行车时雨披会鼓起来，这是因为外面空气流速大、压强小，而里面空气流速小、压强大，产生了压强差。经过进一步的思考、交流和动手实践，他认为雨披的腋窝和颈部等位置可以用运动鞋上的网状材料来制作，既不透水又能使内外压强相等，这样雨披就不会鼓起来了。学生通过观察和思考，已经开始学会用所学知识去解决身边的问题，这是非常难能可贵的。同时，学生能从中体味到知识的魅力，从而对探索未知世界产生浓厚的兴趣。

　　把课本中的知识点和孩子的生活联系在一起，把传统的作业变成孩子们喜欢的具有挑战性的项目化学习，很多原来对作业有抵触心理的学生，开始爱上物理，学习成绩稳步提升。基于项目化学习提升物理核心素养的实践研究获得蓬莱区一等奖。

目 录

上 篇 师心匠意：教育的情感与智慧

下 篇 课韵流光：教学的实践与创新

上篇

师心匠意：

教育的情感与智慧

1 第一章 教育心得

做"四有"好老师　育学生健康成长

第三十个教师节到来前夕，习近平总书记在北京师范大学与师生座谈时，对全体教师提出要求：做好老师，要有理想信念；做好老师，要有道德情操；做好老师，要有扎实学识；做好老师，要有仁爱之心。

为师之道，首在师德。教师的人格力量是影响教育质量的潜在因素，高尚的师德是建设一流师资队伍的第一要素，比言语教育具有更强的心灵渗透力，对教育质量的影响更生动、更持久、更深远。

古人云："师者，人之楷模也。"教师要有高尚的师德，不仅传道授业解惑，还应无私奉献，爱护学生。那么，作为一名教师，如何在传授知识的同时，树立正面形象，成为学生学习的楷模呢？

一、平衡心态　献身教育

作为一名教师，首先要调整心态，知足常乐。知足常乐并非不思进取，知足常乐是怀有淡然之心，只有达观超然的人，才能知足常乐。选择了教师你也选择了高尚。"人类灵魂的工程师""燃烧的蜡烛"等称号是社会对教师职业的高度评价。我想说：或许教师只是一滴水，不起眼，微不足道，却又至关重要。老子说："上善若水，水善利万物而不争。"水性柔顺，明能照物，滋养万物而不与万物争相，有功于万物又甘心屈尊于万物之下。正因为这样，有道德的人，效法水的柔性，温良谦让，广泛施恩，却不奢望报答。教师是无私的，高尚的。我们虽然不富甲天下，却拥有桃李满园。看到一棵棵幼苗茁壮成材，望着参天大树郁郁葱葱，想想能有什么比这更快乐呢。轻轻一句"老师好"，微微一点关心"老师您慢走"，这种快乐，只有教师才能收获到。

做一名平凡的教师，绽放你的笑容，去引得百花争艳，满室生春。献身教育，让我们持一颗淡定的心，永远行走在桃李花开的美丽中。

二、言传身教　率先垂范

《论语》中曰："其身正，不令而行；其身不正，虽令不从。"作为一名教师，言传身教的重要性尤为突出，教师的一言一行无不给学生留下深刻的印象，甚至会影响学生一辈子。因此，教师一定要以身作则，率先垂范，真正做到为人师表。

要求学生做到的，教师自己必须首先做到。比如，学校要求学生不迟到，那么预备铃一响，教师就应提前在教室门口等待；不准学生带手机，教师自己就应做到上课不带手机，不接电话；不让学生乱扔垃圾，教师见到废纸也应低身拾起来……一系列小事，无不显示一名教师应有的表率作用。细节见真情，教师以细微处潜移默化地影响、教育学生，正所谓"润物细无声"，这种无声胜有声的境界，在培养学生非智力因素方面具有深远影响。为人师表是一种无声的教育，其内驱力无法估量。

三、关爱学生　无微不至

没有对学生的爱，就不会有真正的教育。教学应该是一种体现人的生命性的活动。一名高尚的教师，应该全心去爱每个学生。热爱学生是教师职业道德的核心。你不经意的一句话，不经意的一个小动作，甚至不经意的一个表情，也许会影响一个学生的一生。孩子们上课弯背低头，走过去，轻轻地用手把他的背托一下，一次、两次……也许这会减少一个驼背的出现；有孩子生病了，短短一句关心问候，一杯热腾腾的水，会让学生感受到来自教师的温暖，拉近学生与教师的距离；放学时一句轻声的叮嘱："走慢点！小心车！"……关爱无处不在，呵护随时随地。亲师，才能信其道。因为爱，缩短了师生间的距离；因为爱，成就了一路花开。孩子们是花，盛开的花，终会结果。硕果累累的时候，也是果农们最开心的时候。教师，就是一个果农吧！敞开你的心灵，去与学生汇成一片心海，用碧波弹奏动人的乐章！

四、提高素质　适应需要

随着应试教育向素质教育的转变，教师首先要树立全面提高素质的理念。精湛的业务是提高教师素质的关键。"一碗水""一缸水"的道理谁都懂。没有教师的发展，就没有学生的发展。教师要不断进取，知识经济的时代需要一支具有崇高职业道德和创新精神的高素质的教师队伍。苏联教育家马卡连柯说过："学生能原谅教师的严厉、刻板甚至吹毛求疵，但不能原谅教师的不学无术。"要想在学生心中树立美好的形象，教师首先要有渊博的知识，还要顺应时代发展。给学生一杯水，不如自己先做一条常流常新的小溪。

高超的学识本领是教师自我完善的基础，是从事教学工作的保证，更是树立教师崇高威信的源泉。现今社会是信息时代，科学技术进入教学中来。我们学校如今每个教室都配备了多媒体设备，电子白板怎么用？对于我们20世纪90年代毕业的教师来说，真是一个棘手的难题。怎么办？学！向刚毕业的教师请教，甚至向一些懂电脑的学生请教。结果不到一个月时间，对多媒体已操作自如。利用形象生动的课件吸引学生注意力，学生上课打盹、开小差现象大大减少了，教学效果大大提高了。

因此，我想说：教师要树立"终身学习"的思想。潜心学习理论，努力钻研业务，为教育事业不断攀登，终生奋斗！

教师，一个平凡却又崇高的称谓。教师，心地无私，热爱教育；教师，言传身教，树立典范；教师，关爱学生，细心呵护；教师，不断进取，终身学习。我们教师，要做师德的践行者，树立教师正面形象，做最美教师！

我们一定要按照总书记对全体教师的要求，努力成为学生健康成长的人生导师和知心朋友，用爱连接教师的育人梦和学生的成才梦，用毕生精力为中国梦的实现贡献力量。

让生活成为提高学生核心素养的舞台

我曾经在乡镇中学任教，那时住在学校的平房里，小院里有时风会很大，所以在院子里晾衣服的时候，如果把衣服直接挂在晾衣绳上，衣服常常被刮到地上。这件事困扰了我很久，我想了很多办法去解决这个问题：用结实的夹子把衣服挂钩和晾衣绳夹到一起，但是再有力的夹子也战胜不了风的力量；后来又用绳子把挂钩绑在晾衣绳上，虽然达到了目的，却给自己平添了不少的麻烦，晾衣服的时候要一个一个地绑，晾干了还要逐个地解开。正当一筹莫展之时，我偶然发现一位同事在晾衣绳上事先绑了很多的短绳，把衣服架挂在短绳上，衣服架不再被紧紧地束缚在绳子上，而是顺着风自由地摆动（图1-2-1）。我学着同事的方法晾衣服，从此晾晒的衣服再也没有被刮到地上。

图1-2-1

其实对于提高孩子们的核心素养亦是如此。当下，把孩子的时间塞满似乎成为老师和家长的共识，但是没有适度的自由，孩子们就会失去生活实践的宝贵机会，没有亲身体验就不会有对问题的深度思考。所以对于每一个教育从业者来说，我们所要做的就是把试题归类，为学生选择最具代表性的习题，避免题海战术，减少孩子们的作业，让他们拥有更多的劳动和实践的时间。

一、让生活成为提高核心素养的广阔舞台

知识来源于生活，知识只有服务于生活才会彰显其应有的生命活力。但是现实中，很多孩子忙于功课、忙于玩手机，对生活中的现象熟视无睹，缺乏好奇心。美国火星科学实验室被命名为"好奇号"，为其命名的华裔女孩曾说："好奇心是在每个人心中燃烧着的不灭火焰。它让我每天早晨起床就想知道，这一天生活会给我带来什么惊喜。"好奇心是一种强大的力量，如果我们保留了孩子对生活的好奇心，它会引领孩子在自己感兴趣的领域持续发展，其潜力是我们难以估量的。因此，生活中我们要允许孩子问问题。我们如果不懂，就带孩子一起去寻找答案，在生活的广阔舞台中去实践、去探索，切实提高孩子们的核心素养。

我们要鼓励孩子利用生活中的瓶瓶罐罐动手实验。现在已经升入大学的小王同学，小时候在家里经常把文具、自行车等拆开，当孩子重新安装向我求助时，我和孩子一起去尝试和试错，在无数次失败中，总结了很多难得的实践经验。长期的坚持，让孩子体验到了探索的乐趣，他逐渐养成了乐于钻研的好习惯。他曾经在网上买了全套的物理实验器材，有时间就动手实验，尽管他的物理作业经常不做，但是我从不批评他，因为他在实践中完成了知识的自我建构，经历了自主探索的过程，他掌握的不再是毫不相关的几个孤立的知识点，而是用线连接成的一串"珍珠"！所以他的实验技能考试成绩和中考成绩都特别棒，这些优势在他未来的人生路上将显得更加珍贵！

二、课堂上给学生更多的实践和感悟的机会

课堂也是生活中最为重要的一部分。海阳市一名物理老师在送教下乡时，讲授了初中物理"杠杆"一课。当老师让学生用羊角锤起钉子的时候，学生竟然不知道找支点，而是用蛮力竖直向上拽钉子（图1-2-2），因为他们没有实践的经验。如果课堂上也不给他们动手实践的机会，那么做再多的习题，学生也是死记硬背，很难灵活运用学过的知识。

图1-2-2

在研究"平面镜成像特点"的实验时，很多同学甚至不会划火柴。很多老师都在抱怨：现在的孩子什么都不会做！的确，长此以往，如果孩子们没有实践，何谈提高核心素养！培养核心素养不应该是天方夜谭，更不应该是纸上谈兵，需要孩子们在实践中去探索、感悟、体验动手的特殊魅力，只要我们给学生动手的机会，他们的脸上就会写满笑意，即使在实验的过程中遇到再大的困难，他们也会想办法解决。生活中，很多老师担心：我怕让孩子动手实验，减少了学习的时间。多年的实践证明，这种顾虑是多余的，孩子有了实践的过程，从原理上弄明白了事情的来龙去脉，会取得事半功倍的效果。

让孩子动手实践，符合孩子爱动手的天性，孩子们对课堂充满了浓浓的兴趣，"学习的最高境界是乐在其中"，兴趣是提高核心素养引擎的内驱力。这种内在的力量就像小草可以顶开一个巨大的石头一样，能让学生的思维能力、探究能力和理论联系实际的能力都得到很大的提升！我常常思考，学生怎样才能取得好的成绩？多年的实践证明有两种方法：一种是严厉的驱使，学生在老师面前不敢不学，的确可以达到提高成绩的目的，但同时可能也棒杀了学生的核心素养；另一种是点燃学生心中与生俱来的好奇心，在兴趣的指引下，学生爆发出无法阻挡的自主学习的强大力量。我想，第二种方法就是提高孩子们核心素养的最好途径！

我们要从自己做起，让教育回归本源，少一些功利，让孩子静下心来，在生活中实践、思考，用润物无声的方式提高孩子们的核心素养！

"项目化学习"培养学生解决真实问题的能力

党的二十大报告提出"全面提高人才自主培养质量，着力造就拔尖创新人才"。因此，如何在基础教育阶段落实核心素养，让学生从小养成自主学习、主动探索、积极思考和勇于创新的良好习惯，是每一个教育工作者需要思考的问题。当下，电子产品充斥着我们的生活，学生对知识的获取过于依赖老师、课本和网络，缺少解决实际问题和积极思考的能力，创新能力明显不足。大多数学生停留在对理论知识的记忆阶段，将所学知识应用到实际生活中的意愿不强烈，能力也不足。上海市教育科学研究院普通教育研究所课程与教学研究室主任夏雪梅指出，指向学习本质的项目化学习，被认为是素养时代最为重要的一种学习方式，是基础教育的风向标。通过高阶的驱动性问题，促进学生对概念的深度理解，实现跨越情境的迁移，使学生在新情境中创造出新知识，进而形成素养。我们在两年多的教学实践过程中，以生活中的实际场景为主题进行项目化学习，每一次项目化作业对于孩子们来说都像是一次"寻宝之旅"。尽管在探索问题的过程中他们遇到了很多困难，但是在小组成员和老师的帮助下，总能找到解决问题的办法。在项目化学习的过程中，学生不再是知识的旁观者，而是知识的亲身参与者，学生解决真实问题的创新能力和实践能力得到了提高。因此，项目化学习受到了学生的广泛欢迎，下面是我在实施项目化学习过程中的一些反思。

一、用知识解决生活中的真实问题

创新源于真实的生活，让学生从小养成观察生活、善于思考、勇于创新的良好习惯至关重要，因此我们成立了"创新微信群"，每一个有创新意愿的老师和学生都可以把自己的困惑和发现在群里共享。曾经有位文化课成绩不好的小黄同学非常有创新意愿，也加入群里，他在群中分享：下雨天走路，裤脚总是被打湿。请大家思考如何解释这个现象？如何让全世界的人都摆脱这样的烦恼？经过两个多星期的思考和讨论，大家达成了共识：裤脚被打湿的原因是当脚抬起时，鞋上沾的雨水也向上运动，当脚下落时，由于惯性一部分雨水依然保持向上运动，裤脚被这部分雨水打湿。利用相同的原理也可以解释为什么鞋的前头容易被打湿。由此，创新小组的成员设计了各种不同的方案来解决这一问题，经过不断改进和实践，终于设计出了一个最佳的方案：地上有积水时可以在鞋的后端和前端各贴一个像摩托车挡泥板那样的即时贴。这种即时贴有一定的硬度，下雨时贴上，不下雨时摘下来，使用时非常的方便。我们的这一发明成功申请了国家实用新型专利。同学们用学到的知识解释并解决了生活中的真实问题，参与创新的积极性更加高涨！家在农村的小王同学，在扳手上绑了一个木棒帮爸爸把已经生锈拧不动的螺丝拧开了；他还把石头的一角磨成针状，给妈妈做了一个打开新鲜椰子的神器。有的同学在搬木柜时在下面垫上圆木把滑动摩擦变成滚动摩擦，达到了省力的目的。从孩子们的作品展示中，我们看到了他们身上蕴藏的无限的创新潜力。

二、让知识拥有生活的味道

让孩子们用自己熟悉的或身边的物品进行探索，给知识增加了一份浓浓的生活味，赋予了知识更加亲切的情感，即使再难的知识也不再晦涩枯燥。

在学习大气压强时，很多学生对气体存在压强是怀疑的，因为他们缺乏感性的认识。于是，周末我们布置的项目化学习任务是：用生活中的器材粗略地测测大气压强有多大？孩子们充分发挥了自己的想象力和动手能力。在周一物理课前的交流展示中，有的学生展示了这样的方案：把吸盘压在光滑的墙壁上，用弹簧测力计去拉，当拉开时读出弹簧测力计的示数，用这个示数与吸盘面积的比值求出压强。一名学生对这个方案提出了质疑，他认为把吸盘拉开的一瞬间，时间太短，根本无法读数。他也展示了自己的方案：把针管的活塞推到底部，拔掉针头，然后用密封帽堵住针管底部的小孔，有密封帽的一端朝上，在活塞下面吊一个盛水的瓶子，不断往瓶中加水，直到活塞被拉动时，称出瓶和水的总质量大约是900克，然后读出针管的体积，测出针管的长度，用数学知识求出了针管的横截面积，进而求出了大气压强约为十万帕斯卡。这个方法操作简单而且误差小。学生在探索过程中将知识内化为自己独有的能力和思维方式，因为每一个同学在设计方案的过程中都经历了自己个性化的思考和设计，因此即使相同的知识也拥有不同的个性化标签。

三、用兴趣驱动学习的内在动力

很多学生对传统作业有抵触心理，他们对反复刷题感到厌倦，但是对于项目式学习任务却表现出非常高的热情。在学习"声现象"时，我们把学生熟悉的生活场景作为大任务：如果你在晚上睡觉的时候，有噪声严重影响到自己，你有哪些好的方案去解决？学生对这样的问题情境有真实的感受，探究的兴趣非常高涨。通过调查、思考、实践、讨论和互助，学生完成了知识的自我建构。在兴趣的驱动下，尽管在完成项目化学习任务时，可能付出了比传统作业更多的时间和精力，但学生却乐此不疲，他们很庆幸自己不再需要通过刷题去巩固知识。

　　小景同学在八年级的时候就已经放弃了学习物理，但是当他接触到项目化学习的任务后，却积极地参与其中。在学完"液体汽化"后，我们设置的项目化学习任务是：利用你身边的器材设计一个不用电的低碳保鲜冰箱。从交上来的作业看，小景同学的设计非常有创意，他在全班进行分享时说道："每到冬天供暖季节，家里温度太高，放在厨房蔬菜架上的蔬菜总是打蔫，妈妈很烦恼，因为她很爱干净，有些带泥的蔬菜她不愿意放在冰箱里。为了解决妈妈的困惑，我想了很多办法，经过了无数次的尝试，终于做出了防蔫蔬菜架。我用一块棉布搭在蔬菜架上方，棉布的下方浸在盛有水的碗里。棉布不断地吸水，然后蒸发吸收热量，使蔬菜周围的温度降低，蔬菜的保鲜时间大大延长。妈妈夸我做了一个不用电的天然冰箱！"小景的设计得到了同学们的一致好评！没想到这次作业竟然成了小景同学物理学习的转折点，从此他的物理成绩突飞猛进，他的每一次项目化作业完成得都很用心！图1-3-1是小景当时展示的不用电的低碳冰箱。

图 1-3-1

四、给学生更多的动手实践机会

　　在最近几年的教学中，我们发现不会划火柴、不会用钳子和羊角锤的同学越来越多，现在的孩子们只掌握了书本知识，脱离了实际生活。教学中一些看似很简单的知识，由于学生缺乏生活中的真实体验，他们理解起来很困难，教师需要在课堂上给学生演示或让他们亲自尝试。图1-3-2是我在讲杠杆时，物理课代表在用羊角锤起钉子的情景。他不知道应找一个支点，而是用蛮力向上拽钉子。

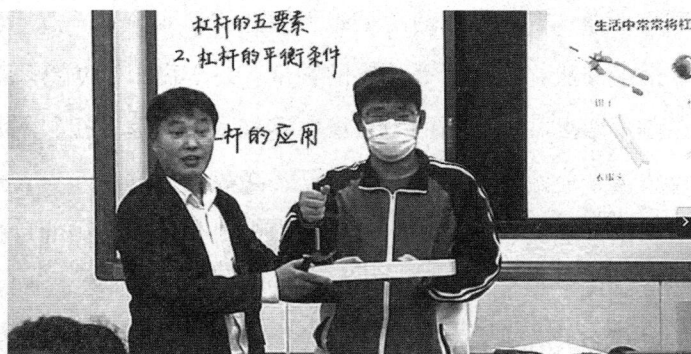

图1-3-2

知识如果远离了生活就会成为无源之水，因此通过项目化学习让知识重新扎根于生活是非常必要的。图1-3-3和图1-3-4是"用身边的物品探究音调与频率的关系"和"用普通啤酒瓶演奏音乐"的项目化学习活动。

图1-3-3

图1-3-4

小杨同学把一个普通的吸管做成了口哨，通过剪短吸管改变了空气柱的长度，也改变了频率和发声的音调；还有的学生用五个相同的啤酒瓶装上不同高度的水，通过敲击啤酒瓶发出了不同的声音，演奏出了美妙的音乐；小景同学在探究声音的响度与振幅的项目化学习中，将家里的废旧汽车播放器和旧喇叭连到一起，在喇叭上撒上薏米，当喇叭发出大小不同的声音时，薏米跳起的高度也不同，给同学们带来了震撼。图1-3-5、图1-3-6是小景同学的设计方案和作品展示。

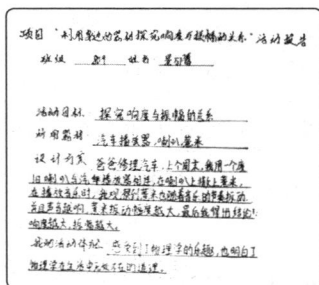

图1-3-5   图1-3-6

每一次项目化学习的成果交流对孩子们来说，都好像是一场饕餮盛宴，孩子们在欢快愉悦中掌握了知识。课后作业对孩子们来说不再是负担，更像是一场满足自身好奇心的探索之旅。孩子们在动手实践和思考的过程中培养了创新精神、动手能力和深度学习的良好素养。项目化学习是真正的探究式和跨学科学习，让科学素养悄无声息地落地，既"减负"又"增效"。

用物理日记架起课堂与生活的桥梁

著名教育家陶行知认为"生活即教育"。教育只有扎根于生活，才会有鲜活的生命力。作为物理教师，我们不但要教给学生物理知识，还要把学生的生活经验和生活世界作为宝贵的课程资源加以开发和利用，鼓励他们在日常生活中发现问题，并尝试进行一些科学的探究，培养他们热爱科学、敢于创新的精神。

基于这样的想法，从2002年开始，我校物理教研组让学生随身带一个小本和笔，随时记录自己发现的问题和瞬间的灵感。在几年的实践中，我们逐渐发现写日记所产生的价值远远超越了我们最初的预期，学生因此爱上了学习。以下是部分农村学生的物理日记和我的一些反思。

一、把课堂拓展到更广阔的生活空间

物理日记使物理教学不再停留在短暂的45分钟之内，学生在课堂外自主学习的积极性大大提高了。在生活中，学生会不自觉地用物理知识的视角观察并思考自己所遇到的问题。下面是学生学习了"流体压强与流速的关系"后交上来的日记。

例1. 9月30日　星期一　晴　锅底返风怎么办？

今天的物理课很有意思，老师讲了竹蜻蜓升空的秘密。回到家，妈妈忙着做饭，我帮着烧火，可是锅底返风，满屋子都是烟，呛得我和妈妈"热泪盈眶"。每到这个时候，妈妈就会抱怨爸爸，应该找个好的泥瓦匠把炉灶修一修。爸爸的回答是："倒烟"的家太多了，泥瓦匠也没办法。"不会吧，办法总比困难多，"我心里盘算着，"为什么刮北风，火很旺，而刮南风却返风呢？"我跑出去望着房瓦发愣，远处砖厂高大的烟囱突然进入了我的视野：为什么高大的烟囱无论刮北风还是刮南风都不返风呢？我挖空心思去找出它们的区别，老爸不知从谁那儿听到的说法：因为房子有屋脊。可是，为什么有屋脊就返风呢？顺着这个思路，我琢磨了半天，我想可能是因为我家的烟囱在屋脊的南侧，刮南风时，风遇到屋脊被返回，空气的流速小，压强大，烟气不易冒出；而刮北风时，烟囱上方空气的流速大，压强小，烟气易冒出。如果真是这样的话，那么在烟囱上再接上一段炉筒，只要高度超过屋脊就不会返风了。说干就干，招呼老爸帮忙，接上后，奇迹出现了，真的不返风了！耶，我太自豪了。

例2. 10月3日　星期五　晴　帮老爸修三轮车

今天帮老爸到邻村去卖苹果，在回家的路上，车坏了。老爸想用千斤顶把车的左边顶起来修一修，可是刚下过雨的路面太软，千斤顶总是往下陷。爸爸很着急，因为妈妈还在果园里等着我们去卖下一车苹果呢！刚刚学过压强的我不知从哪儿来了灵感：在千斤顶下面放一个板，增大受力面积，不就可以减小千斤顶对地面的压强吗！于是我跑遍了周围的每一个地方，终于找到一块结实的木板，车很快被修好了。尽管卖苹果很累，但这一天我的心情一直都很好。

在这两则日记中，学生对所学的知识进行了深入的思考，并运用知识解决了生活中的一些问题，帮助父母克服了困难，给家人带来快乐的同时，也从中体味到了知识的魅力，更对探索未知世界产生了浓厚的兴趣，这种兴趣会根植于学生的心中。在随后的那几个星期，我们没有给学生留枯燥的作业，因此，课余时间成了学生主动发展的广阔舞台。我们无须再去检查学生的作业，也不用担心学生会抄袭作业，因为每一篇日记都有他们自己独特的视角。

二、交流展示日记，寻找学生爱学物理的新途径

物理学起来不像文科那样生动有趣，许多学生觉得太枯燥，而每堂课前3分钟的优秀物理日记展读以及把优秀物理日记贴到教室的墙上，成了培养学生爱上物理的切入点。同时，我们还跟校长商量在学校宣传栏中的一角贴上优秀的物理日记。物理日记成了学生展示自我的舞台，因此爱上物理的同学越来越多。下面这篇日记曾经被我们当作范文多次展读。

例3. 妈妈判断暖瓶保温性能的办法是不科学的

星期天，我陪妈妈一起去买暖瓶胆。在挑选的时候，妈妈用耳朵对着瓶口听里面"嗡嗡"声的大小，以此来判断暖瓶的保温性能。妈妈告诉我，声音越大，说明保温性能越好，对此我很是怀疑。回到家，我拿了一个罐头瓶、一个啤酒瓶做了实验，结果发现也能听到嗡嗡声。于是，我开始思考嗡嗡声是从哪儿来的：肯定不是瓶子自己发出的，那可能是外界的声音。为什么离开瓶口就听不到这种声音呢？我猜可能是声音经过光滑的瓶子内壁多次反射形成的回

声。为了验证我的猜想，我找来几个空的盛鞋油的纸盒，把其他地方都密封好，对着一端几乎都听不到声音。通过实验，我自豪地告诉妈妈仅凭听声音的办法判断暖瓶胆的保温性能是不科学的。

先不谈学生的结论是否正确，从这篇日记可以看出该生敢于质疑，并且能够在生活中发现问题，像科学家那样经历了猜想、实验并得出结论的过程。这样的日记充满了生活的气息，充满了探索的乐趣，让学生感受到了物理的魅力。

三、用物理日记点亮学生创新的火花

"钱学森之问"是中国教育发展的一道艰深命题，我们教育工作者需要通过各种途径去培养学生的创新能力。于是我们尝试用物理日记的方式来提高学生的创新意识。下面这两则日记就很有创造性。

例4. 豆浆机插孔的改进

今天妈妈清洗完豆浆机后抱怨：豆浆机插孔总是进水，下次用的时候如果不干容易发生短路，家里的豆浆机因此已经修了两次。于是我打电话给几个同学"求救"，每人想出一种改进的办法，看谁的办法好，说不定还可以申请个专利呢！于是我们分头行动。我想出的办法是生产一个带两个插头的橡胶帽，需要清洗豆浆机的时候，按进去堵住插孔，避免水流入；由于豆浆机插孔处稍向外探出，好朋友王盟想到了用浴帽一样的套子套在上面，这样成本更低，效果也不错；老同桌的办法是把插孔做成统一的螺丝口，生产一个带螺丝口的橡胶帽，拧上去防水效果会更好。

例5. 雨披的改进

周一早上冒雨骑车去上学，因为有风，雨披总是鼓起来，挡住了视线而且把我的裤子淋湿了。雨披为什么会鼓起来，有没有办法改进一下？因为有风才会鼓起来，那可能是因为雨披外空气的流速大，压强小，而雨披内空气的流速小，压强大，产生的压强差使雨披鼓了起来。如果是这样的话，那把雨披的腋窝等不显眼的位置，换成运动鞋上细密的网状材料，使内外压强一致，雨披就不会鼓起来了。

从学生的各种大胆想象中，我们不难发现，学生心中创新的种子正在发芽。在传统的教学中，我们常常只注重让学生记住枯燥的概念或知识点，却忽视了对知识本源的关注，而通过让学生书写物理日记，不但让学生学会了观察生活，还让知识打上了生活的标签，保持了知识的新鲜性。因此，我们有理由相信：只要我们转变观念，给学生提供优良的土壤环境，学生心中创新的种子就会发芽，甚至长成参天大树。物理日记，让我们在教学之外，又找到了一把衡量学生的尺子。凡是立足于生活、着眼于社会的日记，交上来之后大都会受到老师的表扬，这种交互式的学习过程，避免了教师的"单方苦战"，为学生自主独立的思考预留了足够的空间。记得陶行知先生曾说："不把他的功课表填满，不要逼迫他赶考，不和家长联合起来在功课上夹攻，要给他一些空闲时间消化所学，并且学一点他自己渴望要学的学问，干一点他自己高兴干的事情。"仔细研读这些经典的语言，我们深有感触，也从中得到很多启发。

我们一直认为培养学生良好的学习习惯，比直接教给学生知识更重要，所以我们努力调整自己的教学方法，使自己的教学方式有利于学生的长远发展，有利于学生能力的培养，有利于学生的合作能力和创新意识的培养。我们像呵护自己的眼睛一样，保护学生的学习兴趣和创造能力。

［发表于《中国教育报》（2010.07.13）］

点燃学生兴趣的火花

——《给教师的建议》读书笔记与读后感

· 读书笔记 ·

假期，我读了苏霍姆林斯基的《给教师的建议》这本书。

苏霍姆林斯基是一位具有三十多年教育实践经验的教育理论家。读着他的《给教师的建议》一书，就好像有一位智者站在面前，他循循善诱，为我排忧解难，为我指点迷津；他又犹如一位和蔼可亲而又博学的老者，在我遇到困难的时候及时给我帮助，让我充满信心……

书中既有生动的实际事例，又有精辟的理论分析，很多都是苏霍姆林斯基教育教学中的实例，娓娓道来。其中给我印象最深的有两点：

第一点是第二条"老师的时间从哪里来？一昼夜只有24小时。"一看这题目我就被深深吸引了。是啊，我们经常这样谈论："老师也是人，老师的压力也是相当大的，应付学校各种各样的检查，做课题、搞教研、进修、培训、评职称、提高教学质量，白天要上课，晚上有时还要加班……忙了一天，只想坐下来看看电视、聊聊天，放松放松，哪有精力读书？教师的时间到底从哪里来呢？"带着这样的问题和烦恼，我仔细阅读了这一章节。书中写道："每天不间断地读书，跟书籍结下终生的友谊！潺潺小溪，每天不断注入思想的大河。读书不是为了应付明天的课，而是出自内心的需要和对知识的渴望。如果你想有更多的空闲时间，不至于把备课变成单调乏味的死扣教科书，那你就要读学术著作。"这段话发人深省，让我从本质上领悟了一些教育技巧的奥秘。书中举了一个历史教师的例子。那位教师说："对这节课，我准备了一辈子。而且总的来说，对每一节课，我都是用终生的时间来备课的。不过，对这个课题的直接准备，或者说现场准备，只用了大约15分钟。"这段答话给我开启了一个窗口，使我窥见了教育技巧的一些奥秘。他的成功之处就是用他终身的时间扩大自己的知识海洋，持之以恒地提高自己的教育技巧。教师的时间问题是与教育过程的一系列因素密切相关的。

常读书和常思考会使我们勇于和善于对自己的教育教学做出反省，既不惮于正视自己之短，又要努力探究补救途径，更要善于总结自己或同行的成功经验，从中提炼出可借鉴的精华，为理论的突破夯实基础。教师进行劳动和创造的时间好比一条大河，要靠许多小的溪流来滋养它。怎样使这些小溪永远保持活力并有潺潺不断的水流？那就是读书，读书，再读书。要把读书当作第一精神需要，当作饥饿者的食物。要有读书的兴趣，要喜欢博览群书，要能在书本面前坐下来，深入地思考。只有这样我们才能提高自己的教育水平，才能在教学时游刃有余，才能不断地补充自己的知识储备，才能使自己的知识海洋变得越来越宽广。

第二点是书中第二十二条讲到"争取学生热爱你的学科"。在苏霍姆林斯基看来，只有学生喜欢上了某一学科，他的天赋才会得到发展。我们从图书、报纸中也可以看到，一个人最终的研究或发展方向，都可能与他小时候所喜爱的那门学科有着千丝万缕的联系。作为教师，最希望的就是学生热爱你的学科，只有这样，学生才有兴趣学，才可能学好！

如何让学生喜欢你的学科呢？它所需要的条件太多了。教师靠高尚的人品、积极的智慧、高超的教育艺术吸引学生，学生喜欢你，自然会爱屋及乌，从而喜欢你教的这门学科。在这里，苏霍姆林斯基也提出了一些很好的建议，他希望你去争取学生心灵上的认同，跟你的同事们——其他学科的教师来一番竞赛。我们在教学中，总能看到这样的情景，上课前或下课后，学生快乐地围绕在老师身边，和老师交谈着自己的所见所闻或讨论着有关课堂上的问题。当然，这些学生都是对你这门学科特别感兴趣的学生，以至于他们可能因为喜爱这门学科而会把这门学科当成自己将来从事研究的方向。但也有一些学生对什么都不感兴趣，他们对一切都感到漠然。苏霍姆林斯基说，在学生对待知识的态度上，最令人感到苦恼和感到担忧的，就是这种无动于衷的精神状态。

那么如何点燃起这些学生"兴趣"的火花呢？教师一方面要在教育学生的同时不断学习，提高课堂效率，使学生真正成为"自己的学生"，使课堂成为学习知识的乐园。另一方面，阅读不但对教师有益，对学生也有益。阅读应当成为吸引学生爱好的最重要的发源地，教师应当教会每一个学生怎样在书籍的世界里旅游。阅读是为了能让孩子们扩大视野，汲取更多的精神营养。

《给教师的建议》一书中，苏霍姆林斯基的建议、闪光的思想、精练的语言，对我们来说，如同一条条欢快清澈的小溪，汇集在一起就是浩瀚博大的海洋，常读常新。他让我明白面对当今教育改革的新形势，面对新时代的学生，作为一名教师，不仅要自己读书，还有引导学生读书。学习学习再学习，读书读书再读书，是师生永恒的主题。

· 读后感 ·

一、读书是一种生活方式

"这一切都归功于读书，时间每过去一年，学校教科书这有一滴水，在教师的知识海洋里就变得越来越小……一个真正的人应当在灵魂深处有一份精神

宝藏，这就是他通宵达旦地读过一两百本书。"（苏霍姆林斯基语）

又一次捧起大师的经典，想起初读的时候，自己还是一个刚出学校的学生，怀着对大师的崇敬拜读了它。教了近十年的书，当读书成为自己的一种生活方式的时候，才发现自己知道的是那样的少。

教书的日子久了，越来越发觉做一名好老师不是那么容易。就简单的读书而言，学生是一个装不满的水桶，自己永远是被他们追赶的送水工。要想在课堂上成竹在胸，纵横驰骋，不断读书是一条不错的捷径。社会的飞速发展，知识更迭的速度不断加快，让人时刻感到知识的滞后。教科书的背景越发宽广，学生的生活越发丰富多彩，社会信息交流越来越通畅。作为课堂教学的行为主体，教师和学生应该有交流的基础，从而可以从学科知识的背景中撷取相应的知识给予学生富有成效的启发。

西汉的刘向有句名言："书犹药也，善读之可以医愚。"教师虽然不言愚钝，但读书，可以让你充满内涵，可以让你的思想变得深刻。读书，使你聪慧；读书，使你明理；读书，使你站得高看得远，使你的见解和视野更加开阔。面对学生扪心自问：我准备好了吗？若感到不足，读书是一种不错的提升自我的选择。

二、关注全体学生

"请记住：儿童的学习越困难，他在学习中遇到的难以克服的障碍就越多，他需要阅读的也就越多。"（苏霍姆林斯基语）

很多时候我在琢磨"后进生"这个词语，细细想来不得不佩服中国语言文字的博大精深。"后进生"与对应的"先进生"是不言而喻的两群人。是什么让他们不同？做教师的都心知肚明就是成绩，就是分数。尽管我们批评了很多年唯考试和成绩论，而且素质教育的口号喊了一年又一年，但考试依然是考试，分数依然是分数。"语文数学考高分就一定能做一名好厨子？""语文数学不好就肯定会妨碍他成为出色的修理工？"钱锺书的数学不及格，他同班数学好的，有几个写出了像《围城》一样的作品？

我们生活在一个健全的社会，我们需要科学家，也需要负责任的送奶工。平等地对待每一个学生，给每人一个发展的空间。尽管这是一份梦想，但我依然坚持。

用心灵赢得心灵

—— 重读《给教师的建议》

今年暑假，重读苏霍姆林斯基的《给教师的建议》，心灵再次受到了震撼。每一条谈一个问题，既有生动的实际事例，很多都是苏霍姆林斯基教育教学中的实例，也有精辟的理论分析。每一条建议都使我受益。时间悄然流逝，可苏霍姆林斯基的教育思想仍大放光芒。"要赢得学生的思想和心灵"，"必须深入儿童的心灵"，这是多么宝贵的教育思想！

一、走进了学生的心灵，才有真正和谐的师生关系

苏霍姆林斯基说："要想使教师与儿童之间永远保持和谐的、富于人情的、相互关怀照顾的关系，教师就必须做一个智慧的、热爱儿童、保护儿童的人。"热爱儿童、保护儿童就"要善于从学生的眼睛里看出其内心世界的细微活动"，就必须"在很长的时期内用心灵来认识你的学生的心思集中在什么上，他想些什么、高兴什么和担忧什么"。热爱儿童、保护儿童就是要走进学生的心灵！

走进了学生的心灵，才能与学生同忧伤、同欢乐、同思想，才能更加懂得学生需要什么，才会更加保护儿童的自尊心，才会赢得学生的喜爱，才会有真正和谐的师生关系。

二、走进了学生的心灵，才能有高效的课堂

课堂是教师引导学生学习知识、探索知识的重要阵地，是培养学生创新思维、学习品质的重要阵地。要有高效的课堂，教师就必须赢得学生的喜欢，就必须走进学生的心灵。

教师只有明白了学生想学什么，想怎样学，才能更恰当地满足学生，才能更好地尊重学生，才能让课堂充满活力。苏霍姆林斯基说教师要"赢得学生的思想和心灵"，"使学生认为你所教的课程最有趣味，使尽可能多的学生如渴望幸福一样渴望在你向他们讲基础知识的这门科学领域里有所创造"。只有走进了学生的心灵，课堂上学生才会兴趣盎然，才会思维活跃，才会产生创造性的思想。

三、走进了学生的心灵，才会有真正的教育

古人说："亲其师，信其道。"教师只有走进学生的心灵，让学生感到亲近，才可能有高效的教育。如果教师没有走进学生的心灵，学生就不会向教师敞开心扉。苏霍姆林斯基说："如果学生不愿意把自己的欢乐与痛苦告诉教师，不愿意与教师开诚相见，那么，谈论任何教育都总归是可笑的，任何教育都是不可能有的。"

为了构建新型和谐的师生关系，为了让我们的课堂更高效，为了让我们的教育更高效，老师们，让我们从苏霍姆林斯基的教育思想中汲取营养吧，让我们真正走进学生的心灵吧！

苏霍姆林斯基用他30多年的教学实践经验向我们阐述了教育的真谛，虽然他来自与我们不同的年代，不同的国度，但他闪光的思想对我们这一代来说，仍有着重要的意义。教育的问题是共性的，它不会因为时代的变迁而改变或消失。书中的许多经验都值得我们学习和反思，这些都将成为我们一生享用不尽的财富！

有效备课、上课、听课、评课

——《有效备课·上课·听课·评课》读后感

为提高自己的业务能力，我读了余文森先生主编的"有效教学丛书系列"中的《有效备课·上课·听课·评课》。经过一段时间的仔细研读，收获颇丰。

《有效备课·上课·听课·评课》一书明确说明教学的有效性包括备课的有效性、上课的有效性、听课和评课的有效性，并以上课的有效性为核心，亦即备课是为上课服务的，是实现上课有效性的前提和基础，听课和评课围绕上课展开，同时促进上课的有效性。

该书从备课、上课、听课、评课四个方面展开。其实可以归纳为两大方面，即自身课堂的管理和学习其他人的有效方法。

那么，怎样备课、上课、听课和评课才是有效的呢？备课、上课、听课和评课是老师的"家常便饭"，就像人们总是不断改善家常便饭，使之营养丰富又色香味俱全一样，老师在备课、上课、听课和评课方面，也要不断改进，使之更为有效，充满活力。而且此种追求是无止境的，是一个永恒的过程。实施过程中要做到如下几点。

一、怎样备课

备课是一个古老的话题，凡有几年教学经历者都能从备教材、备学生、备目标、备过程、备教法等方面说个子丑寅卯。但在新课程背景下，随着教师角色的转变和学生学习方式的改变，备课不再是教材内容的简单诠释、教学过程的简单安排、教学方法的简单展示，它的性质、功能、方法已经发生了很大变化。它要求教师从新课程理念出发，在落实学生主体学习、学生自主学习、学生合作学习、调动学生学习积极性上下功夫，在防止学生的学习活动流于形式、切实提高课堂效益上下功夫。因此，教师备课重要性越来越高，备课不仅仅是个人的事情，更是全教研组的事情，因此备课需要注意如下内容。

（1）集体备课，发挥教研组的作用。

（2）钻研教材，熟悉教学内容；了解新的课程标准对本章、本单元、本课时的教学目标是如何界定的；研究本课时与前后课时之间的知识联系，做到知识之间的系统把握；深入研究教学内容，准确把握本课时的教学目标，以及重点和难点；考虑如何根据自己的教学风格和学生的认知状况创造性地使用教材。

（3）深入了解学生实际，为学生找准真实的学习起点。可以通过多种途径了解学生：从学生心理了解；从学生的生活环境了解，从预习反馈中了解，就课题（或在预习时提出自己不懂得的问题）提出问题。了解不同年龄段学生在性格、心理、认知等方面的个体差异，了解学生已有的知识储备情况，预知在课堂教学中可能出现的问题。

（4）根据教学内容，合理安排教学流程；认真思考每个环节的教学活动如何组织。在教学设计的过程中应注重建立良好的师生情感，注重培养学生合作学习的能力，注重体现多维的教学目标。

（5）撰写教案。写教案，是在认真备课，研究教材、学生、环境等的基础上，对课堂教学进行规划的活动，是一个动态的、持续创造的过程。

二、怎样上课

上课要注意教学方法，教学方法需灵活简便。新课程提倡自主、合作、探究的学习方式，并不是非要我们在教学中花样百出，以示在教学中贯彻了新理念。其实，教学方法是为目标服务的，教学方法应按照学生的学习起点、教学的内容与目标进行选择，灵活简便一点，实用就好。无论是"探究式"，还是"接受式"，关键要受学生的欢迎。

在课堂上，要做到让学生接受，就得学会各种技能。《有效备课·上课·听课·评课》讲解了讲授的技能、提问的技能、倾听的技能、观察的技能、点拨的技能、情境创设的技能、课堂调控技能等。

在达成知识和能力目标的同时，还要注重情感的渗透和教育。

三、怎样听课

学会听课，有助于自己的成长。一般需要做到以下四点。

（1）要对学生的参与程度、学习态度、学习习惯有一定恰当的评价。

（2）要注意环节，还要注意教学内容和时间的关系。

（3）要注意教学的真实性，真实的成分有多少。

（4）要记自己的随想，边听边记。

四、怎样评课

"外行看热闹，内行看门道"，一节课往往因专业的评课而精彩，上课者因专业的评课而茅塞顿开，听课者因专业的评课而豁然开朗。要评好一节课，并非易事，一般需要做到以下四点。

（1）了解教学内容。

（2）先要认真听课，了解讲课教师的教学设计。

（3）认真揣摩讲课教师的设计意图，进行换位思考，发现优缺点。

（4）毫不保留地发表自己的见解，共同讨论，一起提高。

五、教学反思

怎样反思、反思些什么？教学反思应该是一种具有目的性、针对性的行为，是一种需要理论支撑的分析、比较、判断的思维过程，以及思考之后的改进、提升、完善、记录的行动过程。有的放矢、行必有果，是教学反思的显著特征。一般需要做到以下两点。

（1）思考，包括课前思考、课中思考、课后思考。

（2）笔记。思考而有所得，就做一些笔记，及时记录下来，体验"认识升华""负而转正"的美妙。一是随时的零散笔记，二是阶段的完整笔记。

不做"教书匠"

——浙大之行有感

有一种学习，没有参与，你不会知道豁然开朗；

有一种平台，没有投入，你不会知道精彩纷呈；

有一种苦累，没有体会，你不会知道累并快乐；

有一种信仰，没有执着，你不会知道任重道远。

我们如此幸运，

生长在一个对教师成长关怀备至的时代，

我们如此自豪，

走进了一个不同凡响的学习共同体。

上面这段话摘自蓬莱教体局网站，它非常恰当地表达了我从浙大学习归来的心情。走进百年名校浙大，我的心情很激动，因为浙大曾经是我读高中时非常憧憬的学校，在二十多年后我终于能够漫步在浙大美丽的校园，感受名校的人文气息。当我如此近距离地倾听浙大知名教授们前沿的智慧，当我努力挤到参观者的第一排，与一线的名校长交流，我的内心受到了强烈的震撼。从他们的讲座和交流中，我感受到了浙大的教授和这些民办学校的校长似乎都有一个共性：善于倾听学员的声音，关注学员的需求。正因为浙大教授们所讲的内容契合了大家的需求，所以培训时才会有良好的互动和自发的掌声；名校长们关注学生的感受，能够和学生在"同一个频道"上，所以这些民办的学校才会有生源爆满的现象。回来后，我反省自己以前的教育经历，很多时候我只是做了一名教书匠，把知识从一个地方搬运到另一个地方，鲜有自己的思考融入其中。这次培训，教授们用自己的人生阅历和科学哲理告诉我们：只有做智慧型的教师，教育才会有美好的未来，学生的课业负担才会真正减轻，教师才会享受自己的这份工作。

这次的培训课程安排贴近老师们的生活实际，定位准确，从宏观到微观，从事业的发展到心理健康的维护，解决了教师在实际教学过程中遇到的"困惑点"，对现实的教学或教育管理都具有很强的指导性。由衷地感谢师训科对这次培训的良苦用心和辛勤付出，每位参与培训的教师和我一样都心存感激之情。即使回到学校，我们似乎仍然沉浸在美好的浙大课堂上。闲暇之余，整理自己的学习资料，我有了以下诸多感受。

第一，执教的浙大教授专业水平高。执教教授均是各专业学术领域声名卓著的专家学者，部分教授还是国家重点科研项目的领头人。能置身于这样一个高素质、高水准、高规格的学习环境内，聆听他们的理论，这样的机会是人生中不可多得的。国学教授的国学讲座中没有生硬的说教，把中国的优秀传统文化融入生动的生活实例中，大家在幽默风趣的讲座中收获了很多的国学智慧。心理学的教授在讲座中给大家呈现的每一个案例，似乎都曾经在我们的周围发生过，正是老师们无法解决的困惑。在心理学教授休息的短暂时间，龙口的老师向教授请教自己遇到而无法解决的问题，教授给出了非常好的解决办法。由此可见，当我们在生活中遇到难以解决的问题时，与其抱怨不如多看有用的书籍，充实自己，提高自己的工作水平和能力，用智慧代替蛮干。曾经在杭州文晖中学担任校长的赵群筠副局长为我们做了一次非常接地气的讲座，在讲座中我们学会了如何为孩子们"优选作业"、如何进行"同课同构"、如何搞好校本教研等，而这些问题恰恰是当下教育中很多学校遇到的发展瓶颈。回到学校后我和教研组的老师进行了尝试，取得了很好的效果，学生的作业少了，课堂效率高了，这样的教学改革，受到了学生和家长的一致好评。

第二，扩大了视野，陶冶了情操，净化了心灵。短暂的学习，最大的感受是：过去仅知道"埋头拉车，不知道抬头看路"，对前沿的教育理念和知名的学校不甚了解，经过系统的学习后，我充分认识到作为一名教师所应担负的责任，我们平时缺少的是教师和教师之间的沟通，教师和学生之间的沟通，我们常常把学生当成了"受众"，很少蹲下身子倾听学生的心声。这份无价的心灵收获让我们对教育的理解多了一份理性和自信，少了一份浮躁和狂妄；多了一份感恩，少了一份自私，明白了"大爱"的深邃含义，陶冶了情操，净化了身心。这次培训，我们还参观了杭州三所著名的私立学校，这三所学校的校园文化给了我启发：倾听家长和学生的心声，把家长作为学校管理的合作者，当学校以合作的姿态与家长交流时，家长对学校就多了一份责任和关注，所以这里的家长"挑学校毛病"的少，和教师有隔阂的少，学校和教师因此少了很多不必要的烦恼，可以有更多的时间和精力去做一些更有意义的事情。参观的三所学校中最漂亮的校园是杭州绿城国际学校，这是一所像花园一样美丽的学校，学校不只是硬件设施好，学校的管理者们不墨守成规，为了满足家长的多元需求，积极和国外的学校联合办学，用国际化的视野培养人才，这让我们拓宽了视野，解放了思想，看到了未来教育发展的方向。

第三，认识了新朋友，结下了深厚的情意。这次参会的教师都是来自烟台不同县市、不同学科的优秀的教师，优秀的学校管理者。通过几天的学习和共同生活，大家相互增进了了解，结下了深厚的情意。在学习的过程中，大家交流心得，相互关心，相互借鉴学习，浓浓的情意让大家忘却了身处陌生的城市，为今后的交流合作奠定了坚实基础，这也是本次培训活动一项重大收获。

浙江大学的这次人文素养培训，把烟台的教师领进了一扇神奇的大门。回到自己的工作岗位后，我要用星星之火照亮自己所在的学科，给学校的发展注入新的正能量。我们有理由相信：越来越多像我一样的"教书匠"会成为"智慧型教师"，会成为闻名一方的专家型教师。烟台的教育在不远的将来一定是一番新的天地！让我们怀揣思想和自信一起努力吧！

倾听智慧的声音

——华东师范大学培训感悟

在播撒希望的春天，我们带着烟台教育局领导的重托，也带着在教学中遇到的问题和困惑，前往参加华东师范大学为烟台教师"量身定做"的研修培训。离开了教学一线繁杂的工作，再次以学生的角色，集中一周的时间安静学习与反思，对我们来说实在是太难得，也非常需要。从大家的良好表现可以看出此行的必要性和迫切性，五天的培训没有一位老师缺课。每次听课我们都要提前半个小时到达，目的是要坐到教室的前排，近距离地聆听专家的讲座。在王科长和华师大班主任潘老师的领导下，全体学员严格遵守研修班的各项规定，认真参加学习、研讨、考察，不负众望，以优良的成绩完成了本次培训任务，在结业典礼上得到了华东师大教师培训中心的充分肯定。回到学校，我把自己的收获进行了认真的盘点。

这次的研修培训既有高屋建瓴的教育前沿理论，又有一线校长给大家带来的非常"接地气"的教学方法。每当一天的培训结束后，我都会躲在自己的房间里，整理当天的讲座内容，把自己的收获和反思写在教育博客上，让更多的教育同仁一起分享，给更多的孩子带去幸福快乐的教育。

陈默教授为我们做了"提升教师素养，关注学生成长"的讲座。一些日常教学中常常遇到的棘手问题，陈教授从心理学的角度给了大家一些简单实用的办法，如：如何处理学生打架，如何处理早恋，如何让自己的课堂更受欢迎，等等。讲的过程中多次出现了教师自发的掌声，这样的讲座让每一位教师都受益匪浅。一上午的讲座一点也不觉得漫长，我们被陈教授的智慧、幽默、渊博吸引。讲座中间短短的休息时间，我走到台前向陈教授咨询了一些困扰自己的问题，因此有了额外的收获。陈教授的讲座告诉我们：关注孩子们的情商培养非常重要，一个孩子不应该只拥有渊博的知识，还要有健康的人格。这就要求我们每一位教师要用科学的方法教育孩子，不能用简单粗暴的老办法。

上海教育科学研究院的杨玉东博士教给大家如何搞好校本教研。由学校出钱让教师公费"外出学习"固然是一种好办法，但成本相对较高，最有效、最具生产力的应该是校本教研。杨教授指出了目前校本教研存在的问题，给了大家一些好的建议：用观察量表的方式进行观课议课，让同科教师之间的评课不再流于形式，用课堂中的"事实"说话避免评课时教师之间的敌对情绪，让讲课的教师从内心接纳大家的建议。这些好的做法对授课教师和评课教师的成长都是非常有好处的，让每一位参加教研的教师都有收获，这才是校本教研应该追求的目的。

72岁的刘定一教授的讲座"当代教师的专业发展"，告诉我们：人文和科学是完美地统一在一起的，不能人为地割裂开。好的教师不仅应该具有本学科的专业知识，还要有丰富的人文知识，要学习国学经典，从中汲取古典文化的精华；要学习外语，从国外的优秀文化中吸收营养。刘教授用《论语》中生动的事例，讲述了教育的根本目的，以及教师如何尊重孩子、用心去爱孩子、用严格的规矩去规范孩子等。他说，社会上的一些不良现象的产生，有一部分原因是我们忽视了对经典文化的继承。经典文化是我们民族的根，树根大家是看不到的，当我们长高时，由于根基不稳，就会出现摇摇摆摆，这时大家才发现原来是树根不牢。因此，每一位教师都应该学习经典文化，从经典中吸取教育智慧。

赵才欣教授为我们做了"基于课程标准，有效预设教学"的讲座，从一堂好课的标志谈教学设计。他说，一堂好课应该有完善的教学设计，回归教育本真，让孩子们健康快乐地成长。高纪良老师为我们做了"破译课堂有效教学的密码"讲座，用他自己独创的高氏评课法教给大家如何去观察和评价课堂。

一、校长讲座：经过实践的好办法，提高教学管理能力

两位著名校长为大家做了专题讲座。每学期抽红包，给家长颁奖等创新做法都给尝试的老师带来了意想不到的收获。在"如何增强前行的正能量"的讲座中，徐建平校长对一些一线教师比较迷茫的问题进行分析，提出教师必须用"善于变化"来适应不断变化的学生。一堂讲座下来，一个笔记本被我记录得满满的。徐校长的激情感染了在场的每一位老师。上海市卢湾第一中学小学校长程华为大家做了"成才、成名、成家"的讲座。一线的中层领导如何在学校管理中定位好自己的角色？如何成为一名优秀的老师，受学生喜爱的老师？我们应该怎样以发展的眼光来看待学生？如何培养学生？程华校长针对以上问题为大家一一解答。两位校长都强调了教师自学和坚持读书的好习惯。反思我自己，我在这方面还有一定的差距，今后一定要继续努力。

二、名校考察：品味学校文化，感受教学特色

我们分别考察了卢湾第一中心小学和建平中学分校，两所学校在教学方面有太多的不一样。卢湾第一中心小学建立了云课堂，发明了云课桌，与先进的科技文明同步，真正做到了与时俱进。校园很小，但给人的感觉很精致。走廊里有精美的文化作品，操场上有学生自由活动的身影。在建平中学的新校区，我们感受到了孩子们的热情，听了上海市物理名师黄劲松老师的"名师的锤炼与成长"讲座。黄老师把枯燥的课堂上得生动有趣，课堂中关注每一个学生的表情，洞察学生内心的想法。我想，真正的授课高手不应该仅仅是拥有一个优秀的教学设计，更应该是一个优秀的导演，关注每一个学生的上课状态，及时调整自己的授课方式。名课应该是"盛满了知识，盛满了美，一半儿理性一半儿醉"。

三、专题研讨：为思想搭建碰撞的舞台，在交流中共同成长

在研修期间，我们开展了两次专题论坛活动（小组和班级），就如何了解学生和建立高效课堂，学友们展开了热烈的讨论。大家一致认为，在目前的教

学中，我们的问题是重视知识的传授过程，轻视学生的学情分析，学生换了一茬又一茬，教师仍然沿用着自己的老习惯授课。因为知识和学生的学情脱节，所以很多教师抱怨现在跟这些学生无法沟通，形成了紧张的师生关系。我想教师首先应该是"熊熊火炬"的点燃者，教师用自己的激情或者通过创设良好的情境，让学生主动参与进来。学生愿意参与是高效课堂的起点。

五天的培训转眼结束了，每一位教师经过了这样的头脑风暴，收获是满满的，大家还把专家的PPT争相下载回去，让更多的教师分享这道文化大餐。培训结束了，但实践才刚刚开始，我会把这次的心得应用在日常的教学中。我把结业典礼上华师大老师的话作为鞭策自己的警言：今天我以华师大为荣，明天华师大以我为荣。谨以此和大家共勉！

用智慧滋养"教育梦想"

——参加全国名师工作论坛感想

近20年的从教经历，面对年年岁岁都很相似的学生，不知道从何时开始，我常常会漠视孩子们身上鲜活的个性，不经意地沿袭着旧有的授课方式。原来激情四射、活泼生动很受学生喜爱的课堂仿佛正从我身边溜走！一段时间以来，我很郁闷，社会在变化，学生的思想也在变化，由于自己的惰性，课堂与学生好像越来越不匹配。这次的培训课程，唤醒了我心中的教育梦想。我开始反思自己：我的成长是不是因为缺失了成长的动力，所以后劲不足？教育专家成尚荣教授用李嘉诚的"打破鸡蛋事件"给大家做了一个比喻：如果是用外力去打破一枚鸡蛋，那么鸡蛋就会像千千万万枚普通鸡蛋一样，成为人类的食物被吃掉。如果我们给它提供了合适的环境，让鸡蛋靠内部的力量自己打开，那么一个顽强的、多姿多彩的生命就会因此而诞生。我想我还是愿意选择后者。如何让自己的教育生命获得不竭的动力？我做了如下的思考。

一、努力实现教育梦想

大学毕业时，系主任临别时送给我们的一句话，埋下了我"教育梦想"的种子。他说：希望将来在全国教育表彰大会上能够见到你们！这种很高的期望让我不敢懈怠自己的教育生活。诚如冯恩洪校长在这次的培训中所说的：教师不应该把自己的目标定为一个县或者一个市的教育标兵，只有拥有更宽的视野，才会有更大的前进动力，实现更大的梦想才会有希望。如何让梦想"落地"？我想最好的办法就是扎根于课堂，因为课堂才是教育梦想成长的沃土。建立开放的课堂，相信学生，让每一个学生成为课堂的主人，发挥他们的内在潜力！华东师范大学的郭思乐教授曾说：知识，应该是由学生自己来"生产"的。他曾经举过这样的例子：当家里的油瓶快倒的时候，最着急的人是父母而不是孩子，因为家里的东西是父母自己辛辛苦苦"生产"的，所以父母会倍加珍惜。同样的道理，如果知识不是由教师灌输给学生的，而是由他们自己"生产"的，这样的知识就会带着孩子们的温度和情感，变得更加有生命力。

二、从教育科研中获取正能量

长期以来，我一直习惯于依靠个人的力量去解决一些教育中遇到的问题，在最初的日子里取得了一定的效果，但是不久我便发现自己的成长好像进入了瓶颈期，课改中遇到的问题常常困扰我很长时间，尽管自己尝试了很多的办法，但最后也不一定能够彻底解决。从钟志农教授的身上我看到了自己成长的切入点：以课堂中真实的问题作为课题研究的问题，建立自己的科研团队，用集体的智慧化解课改中的问题，这样就可以把复杂的科研课题进行具体的分工，用智慧共享的方式让自己和团队一起快速成长。钟志农教授的每一个课题都贴近学生的生活实际，符合学生的年龄特点。这样的研究学生是欢迎的，这样的研究教师是不会抱怨和反感的。作为一线教师，我们不缺乏真实的课题资源，我们缺乏的是用团队的力量对问题进行反思，埋藏在每个教师心中的"惰性"把我们原本拥有的激情浇灭了。从这次培训开始，我会努力改变自己，从"小课题"开始我的科研之旅。

三、从优秀的教育书籍中寻求教育的规律

利用闲暇我阅读了一些教育书籍，收获很大。比较那些优秀学校的教学经验，我发现它们有一些共性：无论是杜郎口中学还是洋思中学，都无一例外地按照先让学生自主学习，然后才允许教师参与的方式进行教学。这样的方式恰恰遵循了教育所应有的规律。因此，当我们反思自己的课堂，改革自己课堂的时候，我们首先应该看看自己的方式是否遵循着教育规律。读书，让我的教学生活少了一些盲目，让我的教育梦想有了一点轮廓。这次，当与全国的教育名家零距离接触的时候，我发现专家们的厚积薄发原来也是源于他们多年的读书习惯，每一个教育专家在自己的讲座中都向大家分享了自己的读书故事和读书方法。正是因为有了海量的阅读，他们才会用批判的眼光审视书中的观点，像蜜蜂一样汲取百家的优点，最终形成了自己独特的教育风格。所以我想，我们没有理由抱怨自己没有得到什么，那是因为我们自己付出得太少，我们暂时还不具备搏击大风大浪的能力。希望借此次学习的东风，把阅读进行到底，汲取超凡的智慧去实现自己的教育梦想。

非常珍惜这次难得的机会，我把很多实况录播下来，回到学校我愿意与更多的教师共享这些前沿的智慧。

第三章 班主任工作

班级管理要"以生为本"

班主任，做得很累，原因很简单，不肯放手，总是什么事都要自己亲自过问，学生是感觉到了老师的重视，可这一切却得不偿失。体现至少有二：老师身心疲惫，慢慢形成管理疲软，懈怠就会不期而遇；学生习以为常，渐渐养成依赖心理，有老师在万事大吉，没老师在，大吉完事，缺乏锻炼的机会，成为不能自立、不能自理的"弱能"儿童。班主任完全可以放学生的"鸽子"，那就是班级管理生本化。

在我看来，班级管理生本化绝对不是仅仅扣个流行的帽子，换了个名称，贴个商标而已，而是我们真正护身的铠甲。班级管理生本化即以学生为本，充分相信学生，放手让学生参与班级管理。

一、班级生本管理首先要播种爱

班级生本管理是充满爱心的管理，是以学生为本的管理，是一种班主任眼中有学生的管理，实施的是生本教育。而爱心教育要求班主任在班级管理中具有爱心和童心，这样才能真正走进学生的情感世界。作为语文教师，日记似乎成了我和孩子们相通的一扇门。在那里我去感受他们的喜怒哀乐，用推心置腹的话语换得一个个知心的朋友。"每个孩子都引起我的兴趣，我总想知道他的主要精力倾注在什么上面，他最关心的和最感兴趣的是什么，他有哪些快乐和痛苦，等等。我的小朋友圈子一天天扩大，并且像我以后才意识到的那样，连我不曾教过课的那些孩子也成了我的朋友和受我教育的了。"（苏霍姆林斯基《帕夫雷什中学》1983年版，第27页）对学生给予真挚的爱，这是我们感染学生的情感魅力。这种爱体现在管理过程当中，比如面对学生的问候，我们不是礼节性地点点头，而是真诚地热情回应，甚至是主动问候，也许教师的一声"早上好"就会驱散学生一天的阴霾，让他们在愉悦的氛围中开始快乐的学习；气温骤降，我们感到寒冷时，也提醒学生多件衣服、值日时戴好帽子手套等防寒物品、走在冰面上小心慢行以免摔跤，这份关爱除了让学生感受到老师的温暖，更表达出爱该如何传递；在学生把自己精心创作的作品奉献给班级的时候，班主任笑容满面地双手接受并由衷感谢，并且小心呵护他的作品，学生感受荣耀的同时也学会了感恩和珍惜……当我们把爱心献给学生时，学生会不只把我们当作老师、班主任，而是不知不觉把我们当作朋友和伙伴。

不仅教师要爱学生，还要让学生爱教师，爱他人，这是一种互爱的教育，更是教育的必备课程。这就需要一定的技巧和方法，尤其是老师在学生面前不要太强悍，老师不是万能的保姆，也要留给孩子们一点"施展爱"的余地。当我们生病的时候可以把药带到教室去吃，嗓子痛得厉害就多咳几声，我们会看到学生关爱的神情，这就足矣；当我们繁忙的时候可以把需要直白地告知学生，让他们成为我们工作的协助者，他们会毫不迟疑地伸出援助之手……爱心教育是充满着智慧的教育，更应该是播种爱的教育。

二、班级生本管理要走民主与法治相结合的路线

尊重与平等是班级生本管理的保障。让学生依据共同制定的规则参与班级管理，让学生在班级管理过程中从"人治"走向"法治"，这是生本管理中法治精神的突出表现。通过一定的"制度"，班集体所有成员都成了管理者，又都同时是被管理者，班级管理便由"人治"走向"法治"。"依法治班"要持之以恒，王子犯法与民同罪，班长"犯法"与他人"同罪"，真正地体现"班

规面前人人平等"。在这样的管理模式下，学生与班主任享有一样的权利，学生开始尝试民主管理的实践，并在此过程中切身体验集体与个人、民主与法治、纪律与自由、权利与义务、自尊与尊他的对立统一关系，潜移默化地感受着同学之间、师生之间尊严与人格的平等。可以这样说，"依法治班"，民主管理，实际上是让学生在实践中受到民主精神、法治观念、平等意识、独立人格的启蒙教育。在这种师生关系下，学生的成功是教师的成就，教师的成就促进学生的成长。教师与学生之间、班主任与学生之间已经形成了一种密不可分、互相联系、互相促进的共生共荣的关系。

三、班级生本管理是尊重个性，倡导宽容的管理

我们发现，现在的孩子们都很聪明，却缺乏情商。在管理过程中，斥责与辱骂不但没有实效，反而很伤感情。班级生本管理意味着尊重多元，尊重选择，发展他们的情商，尤其是对"困难学生"必须倾注更多的爱心、耐心和信心。由于智力状况、学习基础、家庭教养、个性特征等因素的差异，学生发展很难绝对均衡同步，总有部分学生暂时滞后或掉队。苏霍姆林斯基说："让每一个学生都抬起头来走路！"从这个意义上讲，生本教育不但是"个性教育"，也是"自信教育""赏识教育""成功教育"。面对"困难学生"，在管理过程当中实施宽容教育是十分重要的。宽容教育就是宽容他人的个性、宽容他人的歧见、宽容他人的错误、宽容他人的与众不同……不要怕学生说错，不跌跟斗的人永远长不大，所谓"拒绝错误就是毁灭进步"，正是这个意思。

四、班级生本管理是学生的自主管理

班级生本管理强调学生自主管理。所谓自主是个体通过意识与能力表现出来的认识、支配自身的认识、支配外界环境的主体状态。自主管理是自主意识与能力内化为自导自控行为，达到自我理性成长的活动过程，是生本管理的重要途径。郭思乐教授说：良好的教学生态高度尊重儿童，全面依靠儿童，让儿童在其学习生活中，自主地发现真善美，追寻宇宙谐和，使自身学习天性中含

有的德性本质得以发扬，最大限度地发挥生命的功能，主要不是依靠人际竞争和比较，而是依靠文化的、创造的、交流的活动自身隐含的激励的情感的因素（只有生命完整地参与，才能进行如此大跨度的融合），去深刻地强烈地调动人的积极性，促使人从斤斤营营的低级竞争中摆脱出来，使之具有宽广恢宏的气度、高远的志向、高尚的情怀和高雅的行为。这正是班级生本管理的出发点和最终归宿。

现在，我们班的学生自主性还有待提高，但生本教育会使孩子们有所转变。我会放手观望，让他们自己抬腿迈步，成长就在脚下。我的拙见虽然显示出了我对生本教育认识的肤浅，但我会在问题和困难面前勇往直前，寻找方法，避免抱怨。

执着追求、勇于奉献

——做好班主任工作之我见

每次路过蓬莱师范学院，我都会被"学高为师，身正为范"这八个字吸引，我一直在思考：作为班主任，我们要为学生做出怎样的榜样？我认为：我们如果能够不忘初心，树立百年树人的目标，做一个有仁爱之心、勇于奉献的好班主任，就一定会成为最优秀的班主任，很多困扰班主任的琐事也会迎刃而解。

一、做有仁爱之心的班主任

一位教育家曾经说："教师的爱是滴滴甘露，即使枯萎的心灵也能苏醒；教师的爱是融融春风，即使冰冻了的感情也会消融。"有爱才有教育，学生和家长不是看我们怎么说的，而是看我们怎么做的。我们如果用爱和责任去关心和帮助学生，一定会赢得学生和家长的尊重。

从1995年毕业起，我在乡村中学工作了22年。由于是寄宿制学校，除了教学工作，我还悉心照顾这些一周才能回家一次的孩子们。我会给那些贫困家庭的孩子送上热气腾腾的豆浆、鸡蛋和御寒的棉衣，即使孩子们远离了父母，我也要让孩子感受到母亲般的关爱。为了不耽误给孩子们上课，临产的头一天我还在讲台上坚持给学生上课。孩子出生后，为了不影响教学工作，我把孩子留在五十多公里外的娘家，每次回娘家，无论孩子怎么哭闹要跟着我回家，我都强忍着泪水，咬咬牙转身就走！我的爱心温暖着每一个弱势学生的心灵，即使过了很多年，他们依然会在教师节、春节的时候送给我最真挚的问候。

二、做勇于奉献的好班主任

2017年我到姚琪学校轮岗，班里很多学生的家长忙于生计，周末没有时间看管孩子，许多学生因此沉迷于网络游戏，耽误了学习。我看在眼里，急在心里，为了让孩子们拥有一个健康多彩的周末，我多年如一日，利用周末的时间无偿地看护学生写作业，和孩子们一起开展读书活动，和孩子们一起排练文艺演出，一起进行综合实践活动。作为思想品德老师我还通过丰富多彩的活动培养孩子们的爱国意识。我不仅仅教书育人，还利用周末或者假期时间打扫教室和卫生区，我会蹲在地上，用湿巾把每一个污渍擦干净，我把教室打扫得像自己干净、温馨的家，我要为孩子们营造一个良好的学习环境，让孩子们爱上教室。我常常利用本应属于陪伴家人的时间，对班里的学生进行家访，和家长共同商讨教育孩子的最佳方法，真正做到了对不同禀赋的学生因材施教，我几乎走遍了班级中所有学生的家庭。学生谢东岳的家长在学校公众号上留言：门老师对每个孩子的学习状态了如指掌，每次听到老师沙哑的声音，心里真的很感动，门老师半夜还在备课，很多叮嘱孩子的信息都是凌晨发的，哪有什么岁月静好，不过是有人在默默地付出。

2021年我视网膜脱落，需要手术，住进了医院，为了不影响教学工作，我和医生商量尽量利用元旦假期进行手术。作为备课组组长，在医院里，我仍坚持备课，把所有上课所需的提纲都按时发给了同科的老师。手术刚结束，我就和主治医生商量着早点儿出院，回去上课。尽管医生一再叮嘱眼睛恢复期要少看电子产品，但我还是用手帕挡住一只眼，坚持用另一只眼上网课。

天道酬勤，付出总有回报，在蓬莱区抽测考试中，我所带的班级成绩名列前茅，全市前一百名我们班有十名同学，我想家长们不是看我们怎么说的，而是看我们怎么做的，我们班从来没有一个家长抱怨学校或者班级哪一方面不好，因为他们被老师无私的奉献精神深深地感动着。我不求回报的奉献精神也赢得了社会的广泛赞誉，带动了身边很多年轻的老师一起加入无私奉献的行列！

用教育智慧助力孩子幸福成长

尽管年近五十，但我仍带着梦想和热情全身心地把班主任当成一份事业来做，我很感谢我的学生给了我放飞理想的无穷动力，我很感谢我的亲人成为我放飞理想的坚强后盾。在我心中有一份对学生真诚的爱，正因为心中有这份沉甸甸的爱，所以在我严格管理班级的过程中，家长和学生感受到了我对每一个孩子精心细致的关照。如果一个学生对老师没有尊重，他就会不讲原则、放纵自己的言行。因此我对学生的要求是比较严格的，我始终坚信良好的纪律是一切工作的保障，让国人引以为傲的华为之所以能取得今天的成就，是因为军人出身的任正非用铁的纪律管理公司。我们班的路队曾经被同学戏称为"铁军"，整齐划一，颇有军人的风范，成为姚琪校园一道美丽的风景线。除了严师，在生活中我更多的扮演了父母的角色，对待学生生活中遇到的困难，我会像孩子的父母一样，帮助他们解决；有的家长临时有事无法接孩子，我会把孩子安全送到家；周末有的家长没有时间照顾孩子写作业，我会无偿地帮家长看护孩子。多年来一直如此，因此我也赢得了家长的广泛赞誉。

　　班里的小张同学，刚分到我们班的时候，家长就向我哭诉，自己管不了孩子，孩子长大了，有时能把自己摔倒在地上，对父母没有应有的尊重。对小张同学的行为，我进行了严厉的批评。但现在的孩子，缺乏生活苦难的磨砺，一次简单的教育并不能改变孩子多年的坏习惯，于是我决定让孩子利用周末的时间，体验父母养育自己的辛苦，从内心激发孩子尊重父母的意识。我让小张把自己最大的书包塞得满满的，足足有30多斤重，周末在家的时候把书包背在胸前，走到哪里，背到哪里，吃饭的时候也要背，两天下来，本来就很胖的小张累得精疲力竭，我让他用周记记录自己这两天的感受。他在周记中反省自己：自己背了两天的书包就累得受不了，连平时最简单的刷牙洗脸都很困难，书包就像一个累赘，我从来没有像今天这样沮丧过，我真想把书包扔到最远的地方。但想起妈妈不但要经历这样的痛苦，还要经历十个月的漫长岁月，妈妈太辛苦，太伟大了。一次严厉的批评加一次精心设计的良好体验，让一个劣性顽童彻底改变了。小张妈妈在教师节那天精心制作了一段感谢班主任的视频发在我们班的微信群里，表达自己的感激之情！小张同学那天还送给我一块大大的鹅卵石（图3-3-1），尽管这件礼物并不贵重，但在我心中却是最珍贵、最温暖的礼物，因为它见证了一个孩子成长的蜕变，看似不工整的字，却是孩子用心书写的最美的言辞！收到这件礼物的那一刻，我第一次流下了感动的泪水，我为孩子的进步而高兴，为孩子知道感恩老师而自豪！一块有温度的、彩色的鹅卵石成为孩子成长路上的分水岭，我愿意永远珍藏它！珍藏孩子成长的一段难忘历史！

图 3-3-1

回顾自己29年的教学生涯，我最喜欢的还是学生充满稚气地喊我班主任，那是孩子们对我最真诚的信赖。我几乎把班主任工作当成了自己的全部，没有周末，没有节假日，自发地为学生和家长做好帮助和服务是我日常工作的真实写照。对于教育事业，我是发自心底地热爱，未来的日子里，我会给那些有需求的孩子送去更多的帮助，我要让这些孩子感受到更多的社会关爱。因为我坚信，在他们幼小的心中种下一颗爱的种子，它就会生根发芽，发扬光大，让世界充满更多的爱！我愿意做一个播洒爱的使者，助力孩子们幸福地成长！

让"家访"焕发应有的活力

教育家苏霍姆林斯基说："在每个孩子心中最隐秘的一角，都有一根独特的琴弦，拨动它就会发出特有的音响。"我想家访就应该是拨动这根琴弦的法宝。家访，曾经是学校和教师与学生家庭取得联系的重要方式，许多老教师通过家访和家长建立了深厚的感情，这个优良的传统，曾经温暖了一代又一代人。但近些年来，有了微信，教师登门家访的越来越少了，班主任和家长的沟通似乎更加通畅了，孩子在学校的每一个问题都可能被即时地传达给家长，家长获取孩子在学校的信息更多了。但令人遗憾的是：家长和教师"心灵"的距离却渐行渐远。微信本应是传达信息和信心的地方，却成为一部分家长和孩子的梦魇。孩子犯了错或者作业完成得不好，随时会被展示在班级的微信群中，长此以往，孩子的自信心就会受到打击，家长也会觉得在众人面前丢了面子，常常会迁怒于孩子。为了让孩子健康快乐地成长，在我的班主任工作中，对于孩子存在的问题，我仍然坚持采用老办法——家访。为了让家访取得最好的效果，我认真筹划每一次家访，用更人性化的眼光去看孩子、看家长，用更科学的方法对问题学生进行教育的"精准扶贫"。

一、一次马拉松式的家访改变了孩子的未来

1999年，刚毕业不久的我，在乡镇中学担任毕业班的班主任，班中一位学习中等的同学的家长突然告诉我孩子不上学了，听到这个消息我很难过，想让孩子尽快重返校园，那时没有摩托车，我就骑上自己的破旧自行车，穿行在山间小路上，经过一路地打听，在麦田里找到了孩子的父母，在和父母的攀谈中得知：尽管家里的条件一般，但对于这个独生子，他们把孩子捧在手心里，孩子的所有事情都是父母包办，孩子的需求一般都会得到满足，因此孩子在学校寄宿时，吃不了在学校的苦，不愿遵守学校的纪律，于是萌生了辍学的想法。我和家长一起把孩子叫到田间地头，给他讲道理，谈人生，第一次家访无果而终。我坚持利用业余时间不间断地家访、和孩子促膝长谈，但孩子似乎很坚决，十几次的家访也没能改变孩子的想法。这种不断跟进的家访，缩短了我与孩子之间的距离，他深切地感受到了老师的关注和重视，从最初的沉默反抗到后来敞开心扉说出自己不爱上学的原因：原来他很羡慕上班一族，想亲身体验一下。亲身体验比道听途说更可贵。于是我和孩子以及他的父母坐到了一起，达成了一致的意见：尊重孩子，让孩子做些力所能及的劳动，自己去体验和感

悟。于是，在后来的一个月时间里，妈妈和他一起到附近的冷藏厂加工鱼片，短短一个月的艰辛劳作让孩子切身体会到了工作的不易。于是孩子开始央求妈妈要上学。我们很担心孩子落下的功课，但是我们却欣喜地发现：当学习成为孩子发自内心的需求时，一切困难就不再可怕，尽管耽误了课程，但他克服了很多困难，付出了很多努力，所以他的进步是神速的，当年他以优异的成绩考入了高中，后来又以优异的成绩考入了名牌大学。一次马拉松式的家访改变了孩子的人生轨迹。

二、家访拉近了师生之间的情感

现代社会纷繁复杂，孩子内心世界很容易受到影响，教师应该更多地走进学生的内心，掌握学生的个性特点、行为习惯，实现情感的交流，给他们一些有益的启发。敲开学生的家门，也就敲开了学生的心扉；走进学生的家庭，也就走进了学生的生活。对于一些单亲家庭的学生而言，家访可以弥补他们缺失的关爱，温暖他们的心灵，一次家访，对他们而言，就是一次心灵的洗涤。今年新带的班级中，有一个被同学称为"大姐大"的女孩，父母离异，常年跟奶奶生活在一起，学习一般，行为偏激。在接手新班之前我对她的情况做了详细的了解，利用暑假的时间我对她提前进行了一次家访，我先打电话把她父亲、继母约到奶奶家。在接到老师要来家访的电话后，孩子的奶奶激动不已，像迎接远方尊贵的客人一样，提前把家打扫得干干净净，把老师当作家人，我们围坐在一起交流探讨孩子的问题和解决的办法。一样的教育方法，只是换了一个环境，却取得了截然不同的效果，在学校的时候苦口婆心地讲道理，孩子用叛逆和不屑的眼神加以回应。这次家访中孩子竟然主动反思自己的问题，说自己以前的错误，谈自己今后的打算。我被孩子的表现震惊了，握着孩子的手，告诉孩子：老师相信你一定行！或许是孩子受到了从未有过的尊重，或许是孩子受到了少有的鼓励，当我离开孩子家门的时候，孩子的眼里噙满了感动的泪水。开学后，"大姐大"改变了往日飞扬跋扈的样子，学习劲头更足，自信心更强，对待老师和同学多了一份谦让。如果不是这次家访，也许我需要付出百倍的努力去教育她，也许我也会像其他班主任一样在无数次的失望之后，放弃对她的努力。面对面、心对心的家访，使这个老大难的"问题学生"消除了对老师的偏见，让孩子青春躁动的心安静下来。我始终认为：家访是我们的一种责任，是家长和学生的一种强烈需求，也是教育的一门艺术。

三、用家访搭建起师生连心的桥梁

在学校，老师对孩子的了解往往是片面的，通过家访可以了解孩子最真实的一面，从而拉近老师与学生心灵的距离，让学生感受到老师对自己的关爱。我所任教的班级中曾经有一位衣着简朴、胆小自卑的男孩。通过家访得知，孩子的妈妈是哑巴，由于全家人都是外地户口，在村子里没有分到土地，爸爸靠在承包地里种庄稼一年赚取几千元钱，供两个孩子上学，家庭的贫困和母亲的残疾，有时会被喜欢恶作剧的同学谈起，所以孩子养成了沉默和自卑的性格。了解了这一切，我决定替孩子保守这些秘密。有时教育不只需要爱，更需要"有智慧"的爱。在课堂上，我会有意地表扬他的每一点进步，我会偷偷地把核桃和煮好的鸡蛋放在他的桌洞里。良好的舆论环境让孩子的自信心越来越强，上课发言的声音越来越响亮了，学习成绩也越来越好了。当我再一次迈入孩子家中时，孩子的父亲高兴地对我说："老师，以前孩子讨厌上学，不愿和同学玩，现在成绩好了，合群了！"家访——是爱的传递，用爱融化孩子心头的坚冰！

教育是情感与思想的碰撞，离不开面对面、心贴心的亲密切磋。学生的健康成长需要学校、家庭、社会的共同作用。家校如果不能很好地对接，孩子的成长就容易出现盲区。无论现代通信工具如何发达，我们都要发挥好家访的独特功能和作用。家访可以让家、校两种教育形成合力；家访可以为学生开创一种个性化的教育方式，是因材施教的好办法；家访可以向家长传播科学的教育理念，帮助家长用正确的教育方式教育孩子，让家长在教育方面少走弯路。我们有理由相信，这种传统的教育方式，在新的时代背景下，依然可以焕发出新的魅力。许多事实证明，面对面的家访带给家长的不只是惊喜，更是孩子健康成长的曙光。在家访过程中，家长们没有了被老师叫到学校时的紧张情绪，在平等和谐的氛围中，家长也会给我们的教育提出中肯的意见和建议，让我们更好地反思自己的教育行为，不断地改进自己的教育方法，所以家访也是我们锻造师德师艺的一个重要契机。我一直固执地认为：家访这个优良的传统，不会因为时代的变迁而消逝黯淡，相反，人们漫步在信息化的海洋中，蓦然回首，一定会发现家访正焕发着别样的光彩！

做合格家长，育栋梁之材

尊敬的各位家长：

大家好！我们考汽车驾照的时候需要经过很长时间的培训，但是作为家长我们很少经过培训就开始教育孩子了，教育也是有规律的，我们只有按照正确的方法去教育孩子，才能把孩子培养成栋梁之材。我将和各位家长一起携手，助力每个孩子成长！

今天的第一个话题是：要给孩子树立信心，培养兴趣，让孩子每天快快乐乐、极有兴趣、充满青春和活力地去生活去学习。孩子们说："我妈总说谁谁比我强多啦，你就不能像谁谁？""你就长了个猪脑子。""父母见到我时说得最多的是：'今天学得怎么样？作业多不多？考没考试？'"再看看孩子们木然的眼神，说实话，我心里挺难过。孩子是有思想有情感的小可爱，我们在说话时不要认为他们是自己的孩子就随心所欲、口无遮拦。这些无意之言会深深打击、伤害、压抑孩子。别拿别人孩子的优点刺激咱孩子的缺点。孩子不尽如我们的意时换个说法："这个字这笔挺好，那几笔也这样写会更好""他学习好，咱也不赖，你看这件事你处理得就很好，说明咱也行，多问多思考会更好"。咱们要放大孩子的优点，让孩子从心里觉得被需要、被认可，他的内驱力就强，渴望成功、渴望优秀的欲望就越明显，自然会对学习感兴趣，就会变得轻松快乐、积极上进，呈现孩子该有的精气神，而不是精神萎靡，消极悲观，做事畏首畏尾。平时我们也要充满激情与活力，带活家庭生活，带活孩子的世界。

第二个话题是：学习是孩子人生的一部分，却不是全部。孩子良好的品德和性格是陪伴人生的重要法宝。为什么说习惯决定性格，性格决定命运？一件事长期这样做，习惯了就固化成做人做事的模式，形成不同的做人做事模式，在做事上就会有不同的表现：有人越挫越勇，有人知难而退，有人做事鲁莽冲动，有人做事周全细致，不同的做事风格注定生活不同，人生命运自然不同。所以咱们姚琪学校实施了"小组合作 全面育人"教育模式，让孩子在小团体的带动下从学习、纪律、品德、才艺等多方面共同提高，又以"规范言行，培养习惯"为德育突破口，让孩子在做人上有爱心、责任心、为人善良、诚实守信、真诚待人、乐于助人、自信自强、团结友善、尊重他人、虚心求教；在做事上自己能做的事自己做，遵守规则，有计划，会统筹，有条理不拖拉，讲效益，不怕苦不怕累，能愈挫愈勇，会合作会生活。在家要求四件事：进门问好，出门打招呼，下车说再见、让爸妈注意安全，每天为爸妈做件小事。我们也把孩子的好行为，或拍照，或录下视频，或写成叙事小故事，留几句心底最感动的话，把这些集中在笔记本上或存在电脑文档中，这一方面是对孩子的认可，让孩子觉得这样做很美好，另一方面，可以珍藏下孩子成长过程中美好的记忆。

培养一个成绩优异的孩子固然重要，但培养一个品德和素养高、性格好、能力强的孩子更重要。孩子的教育无小事，我会跟每位家长一起，精细呵护、陪伴、引导孩子一路成长。

第三个话题是大家更关注的问题——学习。谈到学习，不是我们在家对孩子说的"你认真听，好好写作业，使劲学怎么学不会"这么简单，它是由学习习惯决定的。

（1）"完成"的习惯。"完"就是按照计划在自己规定的时间内打上一个句号，善始善终，而"成"就是高质量高效率地做成功，也就是努力追求"干得漂亮""做得精致""无可挑剔"，更直接来说，就是培养孩子在生活和学习中百分之百、不打折扣的执行能力。

（2）认真写字的习惯。写字绝不仅仅是一种工具，更是一种思维方式。认真写字的习惯具有以下的意义。

一是认真写字是学生个性成长的展现。我们常说"字如其人"，字在一定程度上反映了一个人的个性特征。有的字写得刚强，有的字写得温柔，有的字写得潇洒，有的字写得飘逸。字也是一个人的个性的一种展示和体现。

二是认真写字能激发孩子的非智力因素。书写能力的不断提高，可以使学生做事认真，讲究清洁，养成追求完美的习惯。

三是认真写字可以帮助孩子变得沉着。在认真写字的过程中，当孩子感觉字特别美，间架结构特别合理时，他就会获得一种美感，情操得到陶冶。有的孩子写字很潦草，难以辨认，其实这只是一个表面现象，而内在的东西，可能就是他比较浮躁，不是很踏实，不是很用心做每件事。认真写字的习惯可以塑造学生的性格，使其对事、对人、对生活形成一种积极的态度。

（3）严谨的习惯。经常听孩子或家长说：错的题目好多都知道怎么做，就是马虎大意了。在这里，我想谈谈我们教育人的观点，粗心实际是能力还不够强，根基还不扎实的外部显现。细心、沉稳、脚踏实地是学习必备的能力。偶尔丢分可以理解，而满篇出现丢分的情况自然是学得不扎实，漏点过多导致的。

（4）阅读的习惯。阅读是学好语文的关键，也是学好其他学科的基础，更是丰富人生的重要途径。阅读一天两天不会感觉到效果，但读上几本、几十本，几年、十几年……理解起内容，写起文章，笔下的文采会涓涓流出，这是文化的熏陶，是阅读在不知不觉中融入孩子们的生命。请家长们每天对孩子做好督促与要求，让阅读成为孩子们每天的精神食粮。

（5）坚持独立思考的习惯。这道数学题做不出来，就上网搜一下，手机上查一下，看一下同学的思路……这是孩子们甚至咱们家长常做的事情。你看，孩子不会的题弄会了，学习的态度很认真、挺努力，怎么数学题稍微有些难度孩子就不会呢？有些难度的题用的是网上搜出的思路，是家长讲出来的思路，感觉上是孩子学会了，其实，孩子的独立思考能力在一次一次"看"、一次一次"搜"、一次一次"教"中被消磨殆尽。没有了独立思考，不能提出自己的见解，不能悟出自己的解题方法与规律，慢慢地，孩子的思维就一点一点退化掉，一旦遇到灵活多变或不同寻常套路的题自然就解不出了，然后孩子会自我否定，从而形成了恶性循环。建议：不论题目多难，都要静下心来独立思考，深入研究，经过思维的训练与磨砺才是孩子们学习的必由之路。

（6）超强的自律能力。"我就再玩一会儿手机""游戏再玩十分钟"……也许孩子不止一次对我们说起这些话。可能明明打算看会儿手机就写作文，再抬头已经是两小时后；明明想看一会儿追的电视剧就做数学题，再回神已经月上柳梢头。自制力不足已经成为降低孩子学习效率的元凶，进入初中的第一步就是：管住手机，增强孩子各方面的自我约束能力。周一到周五不准玩手机，周末一天最多玩半小时。

（7）卓越的时间管理能力。也许孩子们时常会有这样的经历：明明不多的作业却花去很多时间才做完，看着别人学习、生活两不误，自己却连作业都要熬夜做，这些都是时间管理不好惹的祸。学习能力强的孩子，都具有超强的时间管理能力。他们会将自己的时间仔仔细细拆分成小块，将每一天都过得充实而井井有条，完美平衡了学习和生活。要教孩子们擅长应用"四象限法则"：①紧急而重要的事优先解决；②重要但不紧迫的事次之；③紧急但不重要的事随后；④琐碎但不紧迫不重要的事最后做。"番茄时间法"专注25分钟做事，中途不允许做任何与该任务无关的事，之后休息5分钟，再继续。另外，要充分利用零碎时间和边角时间。

这些习惯具体到学习上，又可分为四个阶段。

（1）第一阶段：预习。上课前先独立自学，自己思考自己领悟，标出疑问处、困惑点。在预习中对重难点有一定把握，带着问题去听课，针对性强，精力集中，思想主动深刻，自己更自信，对学的内容有自己独到见解，能跟上老师的讲解思路，能积极与同学、老师探讨，上课效率更高，课堂学习效果更好。

（2）第二阶段：上课。上课的状态应该是热情，思维积极、活跃，而有的孩子上课呆呆地坐着，态度懒散，或乖乖地坐着，不思考或思维简单。时间长了，结果自然不一样。孩子的分层很大程度是在课堂上分化的，课堂上一定要克服懒散、分心、说话、跑神、搞小动作等不良习惯，要集中注意力，积极思考、想象。①弄明白概念。②学习老师讲解的思路。③抓住重点、难点。④懂得方法、规律。⑤及时做笔记，记重点、记思路、记问题点、记收获。⑥积极、活跃地边听边思考，大胆、踊跃地回答问题，与老师思维发生共振。⑦下课时，用一分钟在脑子里整体梳理一下课堂学习内容、笔记内容，再活动休息，让知识在第一时间得到有效巩固。

（3）第三阶段：复习。每晚在写各科作业前一定要复习当天所学知识。遗忘规律告诉我们：学得的知识在一天后，如不抓紧复习，就只剩下原来的25%。随着时间的推移，遗忘的速度加快，遗留的数量也就减少。一定要当天及时巩固、强化，深入吸收并内化成自己所得。周末再把本周所学内容梳理、复习、巩固，做适当配套的习题，在大量做题中强化知识、提升能力。一月后再从头大框架地复习一次。三次复习后知识掌握得更牢固、更深透。

（4）最后阶段：作业。①一定要先复习，独立思考后再写作业。如不复习，知识理解不深，记忆不牢，知识零碎化，做起作业时思维困难，时间消耗过长，效率过低，质量不高，不能达到检查、应用的目的。②作业一定要限定时间，提高固定时间内思考、分析与运用能力。养成平时作业像考试一样做，考试像写作业一样放平心态认真答。③作业一定要独立思考独立完成，遇到困难开动脑筋，多想方法，逼自己弄明白。实在不会，圈画出来，上课听老师分析，千万不能直接上网搜，更不能抄答案。网上搜的是别人的思维，你只是进行了记忆。抄答案跟没做没学没两样。一定要让孩子们明确写作业的目的：写作业的过程中训练的是孩子们审题、分析、思考、表达、运用等一系列能力。

作业是对所学知识的运用，知识能否弄懂弄透全在做题中得以检验。而且孩子会在做不同试题中总结方法，悟出规律，慢慢培养做题、乐做题、善做题的兴趣与能力。

我们每天布置语数英三科作业，利用课后延时服务时间在学校完成一科，另两科回家完成，每科作业是各备课组精心研究的，作业量统一，每科完成时间控制在半小时，而且教师一定会全批全改。请家长留意孩子完成作业的时间和完成的质量，及时掌握孩子的学习情况。

最后说几件小事。

（1）注意锻炼身体。早晚各利用10分钟跑跑步，周末登山、环城骑车。假期外出旅旅游，让孩子放松心情的同时提高身体素质。中考体育的比重会越来越突出，要提早让孩子做好准备。

（2）为孩子创设和谐融洽的家庭氛围，夫妻不争不吵，让各自的50%凑成和和美美的日子，孝敬长辈，邻里友善，让孩子在良好的家庭环境中快乐幸福地成长。家长不要回家就打游戏、玩手机，做些有意义的事，培养良好兴趣，与孩子共读书，做孩子的表率。

（3）掌握好接送孩子上下学时间。一定要让孩子午睡，以充沛的精力完成好下午的学习。

（4）孩子刚升入初中，需要适应。所以请家长用心用时用力做好孩子初一时段的陪伴和引导。

（5）孩子是咱们共同的，请家长和所有老师一条心，让咱们心与心更近，情与情更紧，共同带领孩子成长。我们之间千万不要对立，否则影响的一定是最无辜的孩子。请一定要相信学校，相信我们老师，您把孩子送到我和科任老师手里，我们每个人都会不遗余力地教育引导好孩子。我们平时多联系多沟通，孩子倾诉自己心中委屈时，先耐心听完孩子说话，然后第一时间联系班主任，问清楚缘由，我们一起教育引导孩子迈过每个小沟小坎。凭心而言，这世界上能真心真意图孩子好的一定是孩子的老师；能实心实意说真话，坦诚相告咱孩子的不足和需要改进的地方的人一定是孩子的老师。我们班全体教师一定都是"捧着一颗心来，不带半根草去"，诚恳您不管何时都能理解、支持老师们。我们共同努力，一起静待孩子的花开！

请让孩子们记住：不比别人比自己，不比基础比进步！

只要咱们心在一起，努力在一起，咱们的孩子肯定能行！咱们一起撸起袖子加油干！再次感谢各位家长。欢迎家长多多与我们沟通。

用创新点亮孩子的未来

一、无为而治

家长如果勤快帮孩子代办了很多工作，这样培养出来的孩子一定缺乏自理能力，有的家长自己很懒，什么事情都让孩子自己做，这种看似"无为"的教育，恰恰能够培养孩子的自主能力。做家长的可能为了自己的面子，为孩子的未来设计了很多条辉煌的道路，希望孩子按照自己的想法和要求学各种技能，如果孩子愿意做，那就非常好，如果强加给孩子，那就会让一家人都不舒服，所以我认为我们的作用就是创造好的教育环境，给孩子一个自由选择的权利。老子说"无为而治"，我觉得这句话尤其适用于教育，网上曾经盛传放牛娃求学的故事，放牛娃没有机会学习，所以在教室窗外学习知识，结果是，里面的孩子没学好，外面的放牛娃学得很好，社会发展了，放牛娃也可以坐在安静的教室读书了，结果他也学不好了。所以作为家长、作为老师，不要把知识用灌输的方式塞给孩子，那会扼杀孩子对知识的好奇心。好奇心就像一棵稚嫩的小树苗，非常容易被伤害，作为家长和老师该怎样保护孩子的好奇心呢？我想首先父母要有童心，要换位思考，尊重孩子的好奇心，允许孩子提问。其次，不要敷衍孩子，要给孩子以满意的答复，如果不懂，就带孩子一起去寻找答案。最后，要允许孩子探索，比如拆家里的东西，他们有时会把文具、钢笔等拆开看看，当孩子重新安装向家长求助时，家长要和孩子一起研究，让孩子从小就感觉探索并不难，从而养成乐于探索的好习惯。道理似乎人人都懂，但做起来需要非常大的耐心，当我们上了一天的班或者心情不好时，孩子还在喋喋不休地问这问那，这时需要我们很强的情绪控制力，需要我们像谈恋爱时等自己心爱的人那样，拥有充足的耐心，哪怕对方迟到的时间再长，也保持着美好的心情充满着期待。所以，如果我们教育孩子只看重眼前的学习成绩，就会忽视孩子其他能力的培养。大家可以上网查一查带领苹果公司走向辉煌的前总裁乔布斯的快乐童年，让人遗憾的是，"玩耍"这件再平常不过的事情，对于现在的孩子来讲却成为最大的奢侈品。所以，如果我们用"不能让孩子输在起跑线上的思想教育孩子"，孩子就会真的输在起跑线上。

今年春天温度比较低，清明节的时候我在小菜园里种了一些芸豆，过了三个星期也没发出来，本想早点吃到芸豆，结果却错过了正常的种植时节，其实教育孩子也一样，欲速则不达。从今天开始，我建议现场的家长，今后见了孩子的面，不要问你学习怎么样？考了第几？这样的关切是一种错误的导向，学习优秀的孩子会想，只要我学习好，就什么也不用管了，家长、老师都满意，所以他很难再去发展自己其他方面的潜质，如果学习不好的孩子被问，他的自尊心会受到伤害，本来他可能在其他方面有很多的才能，却没有被周围的人肯定，这些优秀的品质会悄然泯灭。

二、做最笨的家长

现在辅导孩子的功课成为家长中比较流行的做法，尤其是一些有能力的父母会迫不及待地给孩子讲，好为人师是人的天性，但这种方式助长了孩子的懒惰，把孩子最重要的思考能力给扼杀了。缺少思考，孩子的知识是嫁接出来的，不是自己悟出来的，所以在实际生活中他是不会灵活应用的。在孩子面前，家长一定不要告诉孩子自己小时候是如何优秀，这样的说法会让孩子自卑。我的做法是告诉孩子，我上学那会是比较笨的，老师讲了很多遍有时还不会，所以当孩子问我问题的时候，我会一遍一遍地读题，认真地思考，这时孩子也在和我同步思考，多了这一段认真的思考，孩子会说，妈妈我会了，我会告诉孩子先别讲，让我思考一下，我想自己做出来，越是不让孩子做的事，他越是愿意去做，他会简单地告诉你，这个题怎么做，当他能给别人讲懂的时候，说明他的思维得到了提高。我目前的想法是：不求孩子的成绩好，只求孩子有更多玩的时间。他会陪着一批又一批小朋友玩沙子、玩泥、玩篮球，几乎每天晚上都是最后一个回家。这仅仅是我的一些想法，不一定正确，会后我们可以商榷。

三、教育要回归本源，静下心来做事

不要将孩子的未来设计得太具体，否则孩子会缺乏自我前进的动力。很多家长告诉孩子你只要考上什么学校，你的工作就有着落了。有了这样的框架，孩子有时会顺从家长的意思而迷失了真实的自己。德国作家安妮·默勒写了一本畅销世界的书《一粒种子的旅行》，为了创作这本书，作者对小小的种子怎么样长成丰富多彩的绿色世界进行了长期的观察，这种外人看似枯燥的观察，对她自己而言却是一种享受，因为这是她的兴趣所在，作者带着读者一起观察自然，并唤起读者参与研究、刨根问底的浓厚兴趣。书中精心撰写的文字介绍了不少知识。这些知识，连大多数成年人也会觉得新奇无比。安妮·默勒用她的书成功地将大自然的无穷魅力传递给读者。试想，我们的孩子有多少会到大自然中蹲下身，用自己的眼睛去观察小虫、小草……其实大自然的每一个小小的地方都藏着比我们想象中大得多的秘密。最近几年，很多教育专家都在重复一个观点：教育是农业而不是工业，工厂可以快速地生产出整齐划一的产品，但每一个人都是充满个性的，他的成长历程更像是植物，需要经历播种、浇水、施肥、拔草等漫长的过程。而不同的植物又需要不同的管理方式，例如冬小麦必须经历冬天严寒的考验；葡萄缺乏独立的能力，需要搭个架子去扶持一下；好吃的樱桃必须种植在沿海地区，因为它受不了低温的环境。每一种植物都代表着一类孩子，他们有着千姿百态的个性，未来他们可能会成为发明家、画家、植物学家，抑或是比尔·盖茨那样的IT精英。今天，我们要一起努力，给孩子更多观察、动手的机会，不要扼杀孩子天然的创造力。

前一段时间说起苹果手机，大家都会津津乐道，我们非常仰慕苹果公司的创始人乔布斯先生，许多媒体对他的评价是：一个海盗，一个偏执狂，一个将艺术和科技完美结合的领袖，一个改变世界的人。在这些评价中我们可以看到他并非完美的人，甚至有很多的缺点，但庆幸的是他从小生活的环境是非常包容的，小时候的他好动，喜欢摆弄各种电子器件，搞恶作剧，设计盗打电话的电子装置，把发夹塞到电源插座内，让它发出难闻的气味以满足自己的好奇心。

我们要从自己做起，让教育回归本源，让孩子静下心来，拥有一片属于自己的思考天空，让每个孩子自己成长，我们只是一个站在麦田边的守护者。

体验教育永远都是很好的教育方式。

下 篇

课韵流光·

教学的实践与创新

4 第四章 课题研究

"提高农村中学生课堂参与积极性的策略研究"
课题研究

· 开题报告 ·

一、课题研究的背景和意义

　　社会的快速发展呼唤新的教育改革，而教育改革倡导学生主动参与课堂教学，要求教师积极营造师生互动、生生互动、多向交流、教学相长的课堂氛围。这对大多数教师来说，还只是一种美好憧憬，真正要在平时课堂中实现，还比较遥远。"一抓就死，一放就乱"的问题仍然困扰着广大教师。这一问题的深层次原因是学生在课堂上的参与热情不高，甚至很低。对农村中学而言，这种现象似乎更加明显，家长对教育的重视程度相对城市弱一些，这种理念或多或少地影响了学生的行为。

　　面对新课改的要求与现实课堂的巨大反差，我们不禁要问：现在的学生是怎么了？在课堂中，他们到底想不想参与教学？究竟是哪些因素影响着学生的参与热情？为了寻求上述问题的答案，我们对全校的学生开展了一次调查。调查结果显示：学生主观上是非常愿意参与到课堂中来的，但是当我们通过课堂观察把学生每天上课的状态记录下来时，我们发现，事情的结果和学生的主观意愿是不相符的。一天之内，学生因不参与课堂而浪费的时间达两节课，而且优等生、中等生、学困生差异巨大。从学生参与的范围、形式、目的、角色等进行定性分析，发现各方面都存在严重的问题。基于这些不容乐观的现状，我们觉得探寻多种方式提高学生的课堂参与度是非常必要的。如果班级中的每一个学生都成为课堂的参与者而不是旁观者，他们就不会无所事事去惹是生非，班级就会更好管理，班级这个小的群体好了，学校就会变得很和谐，我们的精力就不必用在处理违纪学生身上。因此我们认为这个课题有着深远的意义。

二、所要解决的主要问题

（一）实现学生被动接受知识为主动学习

为了提高课堂效率，让更多的学生真正参与到课堂中，我们尝试了多种方法。目前我们学校正在大力推进以导学案为依托的小组合作课堂模式建设，传统的以教师讲授为主的课堂模式已经悄然发生了改变，取而代之的是学生在自主学习导学案以后的"大展示"。该课堂模式给了学生充分的思考和自主探索的时间，知识不再是像接力棒一样地从老师手中"传"到学生手中，而是学生通过阅读和思考完成了知识的自我建构。诚如郭思乐教授所说："父母之所以爱自己的孩子是因为孩子是自己生产的。"自己生产的东西就会被打上自身情感的烙印。同样的道理，如果知识经历了学生自己的"生产"，知识就被融入了学生独有的情感，学生经过一段时间这样的学习以后，就会有很强的可持续发展能力。

（二）实现学生合作基础上的竞争

我们编制好规范的导学案，让学生首先根据导学案进行自主学习，然后带着疑惑进行小组内讨论、交流，对于组内存在的疑惑，可以在组间交流，也就是在展示环节中解决。在展示的过程中，我们遵循满足人性中"自我表现"欲望的教育规律，让小组中的弱势学生通过小组捆绑评价的方式，积极地参与进来，使每一个学生都有自我展示的机会。我们认为提高课堂的参与度，就是我们努力的方向，也是我们要解决的问题。所以，我们要尽最大努力让每一个学生都有效参与课堂活动，全面实现课堂活动的有效性（自学的有效性、讨论的有效性、倾听的有效性），提高学生自主学习和小组互助的能力，从而提升农村教育质量。

三、相关的理论

（1）新课程标准明确提出，转变学生的学习方式，培养学生主动参与、乐于探究、交流合作的学习态度。这就要求教师树立以学生为主体的教学意识，充分发挥学生的参与热情和积极性，帮助学生优化学习方法，养成良好的学习习惯。

（2）《中共中央 国务院关于深化教育改革全面推进素质教育的决定》中明确指出："智育工作要转变教育观念，改革人才培养模式，积极实行启发式和讨论式教学，激发学生独立思考和创新的意识，切实提高教学质量。要让学生感受、理解知识产生和发展的过程，培养学生的科学精神和创新思维习惯……"

（3）现代人本主义教育思潮的思想和改革主张。

（4）建构主义认为：人的认识本质是主体"构建"过程，即主体借助自己的认识结构去主动构建知识；人们的认识活动总是在一定的社会环境中完成的，因此建构活动具有社会性，强调生生互动，学生从实践中获得知识，增长能力。

（5）美国著名心理学家布鲁纳认为：发现法作为一种教学方式，无论是教学过程，还是教学目标，更多关注的是学生的学，这种意义下的"发现学习"，以学生的自主探索、合作学习为主要特征，学习过程中，学生在原有的认知基础上，其元认知、动机、行为都能得到积极有效的参与。

四、课题研究的目标

课题研究的目标可以概括为课堂三个要素的改变，即课堂、学生和教师的改变。

（1）课堂：在课改的初期建立以导学案为载体，以课堂的"大展示"为方式，"全民"参与的课堂。

（2）学生：让课堂成为学生自我展示的舞台，通过组内展示和班级内的展示达到"我教人人，人人教我"的目的。

（3）教师：转变角色，成为知识探索的参与者和帮助者。

五、课题研究的内容

（1）调查、分析农村中学课堂中学生"参与"的教学现状。

许多教师和优等生把课堂当作了展示自我的平台，中等生和学困生则成为"一场枯燥无味话剧"的观众，尽管话剧没有吸引力却不得不假装参与，附和着老师，回答老师想要的答案。这是目前农村中学课堂上普遍存在的现象。为了得到更准确的数据，我们对不同层次的学生在课堂上的参与情况进行了观察，将相关数据整理为学生课堂参与情况统计表（表4-1-1）。

表4-1-1

学生情况	一节课（40分钟）		一天（6节课）		一周（5天、30节课）	
	参与时间/分钟	不参与时间/分钟	参与时间/分钟	不参与时间/分钟	参与时间/分钟	不参与时间/分钟
平均水平	27	13	162（4节课）	78（2节课）	810（20节课）	390（10节课）
优等生	34	6	204（5节课）	36（1节课）	1020（25.5节课）	180（4.5节课）
中等生	22	18	132（3节课）	108（3节课）	660（16.5节课）	540（13.5节课）
学困生	14	26	84（2节课）	156（4节课）	420（10.5节课）	780（19.5节课）

注：表中数据由各观课教师根据学生在课堂上的表现进行判断而得。

从上表可以看出学生的课堂参与度低是造成课堂低效的主要原因，所以总结学生不愿参与的困难和困惑，倾听学生的感受和建议是很重要的，但是长期以来我们却忽略了对学生的调查和研究。

（2）新教学管理模式下，通过营造良好的课堂氛围，探索提高学生的课堂参与度的方法。

（3）合理编写导学案。在课程改革初期，利用导学案引导学生学会自主学习。

（4）通过小组捆绑评价的方式实现生生的"相长"。一个良好的小组评价方式能够最大限度地调动学生的积极性。内容一般从对课题的发问开始，如中学生课堂参与现状怎样？影响学生课堂参与的因素有哪些？怎样改变这种局面？

六、课题研究的过程和方法

（一）研究过程

1. 参与对象：蓬莱市小门家中学全体学生。

2. 前期准备阶段研究步骤（2013.9—2014.1）

（1）前期准备阶段

通过对学生课堂参与情况的两次调查掌握学生的实际情况，调查寻找学生课堂参与度低的原因。表4-1-2是对四个年级课堂参与人数的调查统计。

表4-1-2

年级	六年级	七年级	八年级	九年级
参与人数	35	28	25	23
不参与人数	11	17	17	22
班级人数	46	45	42	45
参与人数占总人数百分比/%	76	62	60	51

（2）制订课题研究方案

建立课题组，确定课题组人员及项目分工。

（3）搜集国内外同类研究信息，借鉴先进的课题研究经验，并邀请专家及同类课题研究人员对课题进行论证及课题前期的指导。

（4）组织课题组成员及参与研究的教师学习课题研究的理论方法，接触、了解、认同这一课题。

3. 具体实施阶段研究步骤（2014.2—2015.7）

（1）课题组各成员按照项目分工开展研究，通过小组的互助、创设情境、让学生亲身体验、满足学生的创新需求等方式，让学生真正成为课堂的主人，不再是课堂的旁观者。

（2）课题组成员参加课题组组织的培训，并交流、研讨，留下过程性资料。

（3）在取得初步成果的基础上，课题组对每项子课题研究工作进行及时总结，反馈经验与教训，发挥典型作用，引领借鉴研究成果，进行自我反思，提高课题研究的执行力。

4. 总结评估阶段研究步骤（2015.8—2016.1）

（1）课题组成员对研究资料进行概括整理，完成课题研究报告。

（2）完成提高学生课堂参与积极性的多种特色课程项目（以论文、案例方式呈现）。

（二）研究方法

1. 文献研究法

查阅国内外关于阳光教育的文献，借鉴有关学生课堂参与积极性的教育研究和实践的优秀成果。

2. 调查分析法

通过对我校所有学科的学生课堂参与积极性的现状进行调查分析，从而不断改进研究方法及措施。

3. 行动研究法

我们运用行动研究法研究提高学生学习积极性的有效策略，边学习、边实践、边探索、边总结，使理论与实践、成果与应用有机结合起来。

4. 经验总结法

利用在实验研究过程中积累起来的丰富的第一手资料，分析概括教育现象，选择有代表性的总结对象，正确区分现象与本质，得出教育中规律性的结论，使之有推广价值。

七、课题成果的预期和呈现

（1）刻制课堂教学实录光碟。

（2）撰写课题研究心得，并形成研究论文。

（3）整理编排研究期间的教学课件，整理图片和发表的论文。

八、人员分工

魏彦文和宁彦来负责制订具体的实施方案，并尝试从"小组互助"角度进行研究，提高后进生的参与度。

于波尝试研究如何创设良好的课堂情境，提高学生的参与热情。

门芝尝试研究如何让更多的学生通过亲身体验来感受知识的魅力。

陈志平尝试用良好的评价方式激励学生参与课堂。

李爱芳、王树相鼓励学生利用身边能利用的器材进行试验，体验动手学习的快乐。

· 中期报告 ·

自2013年9月我校课题"提高农村中学生课堂参与积极性的策略研究"申报立项以来，在上级领导的亲切关怀和大力支持下，在有关专家的指导和帮助下，全体实验教师不断探索和努力实践，取得了丰硕的成果。这些成果既有理论性，又有实践性，同时还有操作性，适于普遍推广。下面仅就课题组一年来的工作情况作简要的总结。

对每一位教育工作者来说，如果说课堂是最美丽的坚守，那么课改则是最痛苦的新生。经过一段时间的小组合作教学，许多一线的教师在实践中发现了很多亟待解决的问题，其中最突出的是：学生对"课堂展示"有很大的顾虑，怕出错、怕讲不好、怕同学老师笑话，不敢展示。带着这些困惑，我们学校展开了教师头脑风暴洗礼活动，各教研组不断深入课堂听课、研课、改课、再上课，市教研室领导及各科教研员亲自来指导，我们收获很大。同时，我们走出去，第一次是组织教研组组长、备课组组长、班主任到昌乐二中，第二次是组织一线教师到莱州云峰和土山中学，在实地参观和同名校教师的交流中，受益很大，大家一致认为：我们学校课改的最大瓶颈不是导学案的编写，也不是课堂评价，而是学生的课堂展示。因此我们决定以此为突破口，把培养学生的展示能力作为下一段时间的主要任务。为了给全体教师一个明确的导向，我们把课堂模式定位为"大展示"合作高效课堂。

一、"大展示"课堂必须秉循"三本"

"大展示"课堂必须秉循"三本"：以人为本的教育观、以学为本的教学观、以生为本的学生观。

二、明确"大展示"课堂"六大"教学行为

（1）一核心：自我管理，自主发展。

（2）两原则：生本主线，注重实效；生态底蕴，凸显个性。

（3）三允许：允许学生出错，允许学生保留不同看法，允许学生向教师质疑、提意见。

（4）四不讲：学生能说的不讲，学生能研究出来的不讲，学生能自己操作的不讲，学生能自己得出结论的不讲。

（5）五转移：由讲明白向学明白转移，由师问为主向生问为主转移，由教师主体地位向学生主体地位转移，由教师点评为主向学生点评为主转移，由教

师演示向学生自主参与教学实验转移。

（6）六让：让学生看，让学生讲，让学生提，让学生找，让学生想，让学生做。

三、明确大展示步骤（三连锁五环扣）和类型

"大展示"课堂应集学、讲、评、结、练、正于一体。教师想方设法调动学生全身心投入课堂，调用多感官，调动学生"主动""全动"（全员、全程、口、脑、手），达到活跃思维，锻炼勇气，收获知识，培养能力，塑造人格的目的。

（一）三个环节

高效课堂的三个环节：预习、展示、测评。从时间分配上看，预习、展示、测评的时间分配比一般为10：30：5，由此可见，展示环节是课堂的重头戏。从发挥的作用看，展示是课堂的核心，学生要想有好的展示，一定是预习得很好，一定是在小组互助中问题解决得很充分。如果学生展示得很好，说明学生不但自己懂了，而且能把其他同学讲懂。这样的学生，他的达标检测也一定没有问题。所以展示好了，这堂课就成功了。

（二）五个步骤

（1）自学静学：独立思考，学会自学。

（2）对学质疑：分配任务，探究交流。

（3）展示点评：互助合作，完成展示。

（4）拓展提升：师生互动，展现拔高。

（5）测评巩固：达标反馈，检查验收。

（三）阳光大展示类型

1. 组内小展示

在小组展示中，解决学习中尚未解决的问题或一些生成性的问题，解决最为基础的问题。小组长将组内未能解决的问题汇报给教师，这样便于教师把握学情，为班内大展示做好铺垫。

2. 班内大展示

大展示要讲究技巧：展示"普遍性"问题，具有"代表性"的问题；一般主张由学力较弱的学生多展示，由A层同学负责点评或拓展。教师要适时追问、点拨、启发、引导，对课堂进行调控。点评的内容应该具有针对性，对展示组的人员参与度、精彩度、准确度、团结协作等方面的优点与不足进行点评、打分。

每节课可任定一组为点评组，其他组为展示组（点评组和展示组可轮换担任）。太难和太易的内容不适合展示。展示过程中，教师要善于"利用"学生，实现学生自身能力差异的资源共享。

四、明确大展示方式和展示内容

（一）展示方式

（1）口头展示：作文朗读，概念、现象等内容多、容量大的描述。

（2）书面展示：文字书写、定理的证明、公式的表达、题例的解答等。

（3）肢体语言展示：展示的同学用手势、表情、姿态等辅助说明，提高表达效果。

（4）实物模型展示：提前制作实物模型，通过展示、比较，认识图形之间的关系，加深对相关内容的理解。

（二）展示内容

展示内容贵在"精密"，必须是学生深入探究的问题，无论是组内小展示还是班内大展示都要明确展示是提升，绝不是各小组对导学案上问题答案的简单重复性讲解。展示内容应是组内或全班共性的问题、易错的问题。展示时要体现出师生、生生的交流，可以是疑难求助、对话交流、质疑对抗等多种形式。教师引导学生重点展示自己独特的思考、瞬间的灵感、发现的规律，包括学习方法总结、学习的新发现、新感悟等（提升能力、创新生成）。

五、明确大展示要求

（1）小组成员都会了才可以展示。

（2）组长只允许补充，不允许展示。

（3）不同的小组成员展示得分值不同，A类最低，C类最高，B类居中（如依次为2分、4分、8分），为待优生创造更多机会，鼓励其进步。

（4）一个小组展示时，其他组要积极思考，勇于挑错，对于挑出错误或提出有价值的疑问的同学，要给予加分奖励。

（5）别的组提出的疑问或错误，由提问题的小组指定展示小组的某位成员回答。

（6）展示过的内容，不重复展示。

附：

展 示 歌

我自信，我很棒，展示自己来亮相。胸挺直，头高昂，面带微笑不紧张。

嘴里说，心中想，板书正规又流畅。面朝前，身侧旁，一定不把黑板挡。

普通话，要用上，自然大方脱稿讲。吐字清，声洪亮，嗯啊口语别带上。

一握拳，一挥掌，肢体语言能帮忙。展示完，礼貌语，请人评价记心房。

六、明确大展示评价方式

开展"自评—日评—周结—月结—期总"渐进式的评价，建立透明化的创新机制、竞争机制、综合评价机制（初中生成长记录——综合素养评价），以级部为单位自定标准，班主任和科任教师步调一致，过程评价可放权给学生，如1组给2组评，2组给3组评，依次循环评，组间相互监督，科任教师监督过程，落实结果。

自评：每月学生针对自己各方面表现做自我评价，要求实事求是。

日评：具体到每一节课，科任教师对课堂上表现积极、活跃的学生给予"五星"或分数奖励，目的是充分调动起每一位学生的积极性，让他们参与到课堂中来。

周结：班主任利用班会时间，对一周以来学生的整体表现做简单评价，目的是表彰积极的学生，巩固学生的学习和展示成果。

月结：对过去一月内每班表现最好的学生和合作小组，分别授予"展示之星"和"优胜小组"称号并进行表彰，同时辅以我校特有的"快乐币"奖励。这样可以鼓舞学生，增强学生的自信心，吸引更多的学生加入到课堂展示中来。

学期总结：每学期结束，学校可组织"展示之星"和"优胜小组"等开展一些有益的研学活动、文艺表演等，给学生一个展示自我、张扬个性的舞台，达到激励促进的作用。

每学期末组织学生评"我最喜欢的课堂和老师"，学校给予当选老师一定物质、精神奖励。

七、辅助途径："快乐王国"美食节，做生活的小主人

为发展学生的生活自理能力，提升学生的综合素养，实现学生自主和谐发展的教育追求，2014年12月30日，小门家中学在新能量中心成功举办首届"快乐王国"美食节活动，美食节中要求学生只能用在课堂中赚取的快乐币，以此将对学生的奖励落到实处。

美食节以"参与、体验、分享、快乐"为主题。下午两点到五点，小门家中学新能量中心变成了"美食一条街"。各班学生自主策划，手绘宣传海报。各班主任、科任教师和学生一起，按照各班制订的活动方案有序制作冷菜、热菜和面食。美味佳肴琳琅满目，空气中弥漫着诱人的香味。手卷寿司、干炸香菇、饺子、水果拼盘……各种美食应有尽有。有的同学头戴厨师帽，身穿厨师服，一身标准的厨师扮相。现场制作面点，磨制咖啡，精美的松饼和浓香的咖啡让同学们大饱眼福和口福。部分学校家委会成员还自告奋勇来校做烧烤为美食节助兴，整个美食节用盛况空前来形容绝不为过。买即送、抽奖、凭证打折等丰富多样的经营策略层出不穷。学生此起彼伏的稚嫩吆喝声飘荡整个校园。

交易过程中，售货员卖力推销，小顾客精挑细选，讨价还价，一些摊位举"钱"购买的人排成长龙，供不应求，现场俨然一个火爆的市场。本次活动让学生不出校门真实感受买卖过程，意识到诚信买卖的重要性，树立了节约意识，培养了学生策划组织能力、经营理财能力。

这不仅仅是味蕾的盛宴，也是美食文化与传统文化的一种传承，让孩子们多方面的能力得到锻炼与展示，既培养了学生的动手能力和组织策划能力，又增强了班集体的凝聚力；既培养了学生的社会实践能力，又培养了学生的团结协作和创新能力！

本次美食节活动，是"快乐王国"成立以来举办的第一次"全民"参与的重大活动，也是我校课程建设的一部分，让美食文化与团结互助活动有机结合。活动的成功开展，对发展学生的综合素养有非常积极的作用！

活动中，"快乐王国"的全体"国民"要形成一种大实践观。在美食节里，"快乐王国"的货币——快乐币全面流通，"国民"根据自己货币数量消费。在此过程中，培养劳动观念、消费观念、理财观念、协调能力、合作意识、创新精神、实践能力等。以后"王国"内开展的各项活动（小组合作学习、各项文体活动等）的奖惩机制可辅以快乐币的形式进行奖惩，把"王国"内所有的活动有机融合在一起，从而形成"快乐王国"的内涵可持续发展。

本届美食节的举办，成功地将大展示课堂进行外延，既营造了健康和谐、积极活泼的校园氛围，又推进了校园文化建设，使师生增强健康饮食的意识，了解均衡饮食的知识，从而对日常饮食文化有更深刻的理解。本次活动只是"快乐王国"活动的开始，自本次活动起，"王国"设立奖品区，奖品形式多样，只能用快乐币购买，旨在全面提升学生的综合素质，引导学生弘扬正气、传递正能量。

· 课题研究报告 ·

一、课题研究的主要过程

（1）调研课堂，收集课堂一手资料。根据分工，各相关教师积极收集课堂信息，并积极调研其他教师授课、学生学习的情况，确保收集的信息准确且有代表性。

（2）教师的角色发生变化。传统的教学模式下，教师的角色是演员，新形势下要求教师的角色发生变化，由演员变成导演，真正把"演出"的时间和空间交给学生。

（3）建立完善的评价机制。良好的评价活动应关注学生三维学习目标的达成，强化评价的诊断和发展功能，将过程评价与结果评价并重。结合我校实际，课题组建立了完善的小组捆绑评价制度，形成合作基础上的有序竞争。另外，我校于2014年末成立了"快乐王国"，学生的身份变成了"快乐国民"，"王国"内所有的评价都纳入一种全新的模式——快乐币评价。快乐币评价，既注重个人能力的发展，又注重合作品质的提升。

二、课题取得的成果

（一）阶段性研究成果

（1）让课堂成为孩子们成长的舞台——教师能够创设良好的情境吸引学生，学校用良好的评价机制鼓励学生，用科学创新满足学生的创新需求。（2013年12月）

（2）总结、推广各种特色课堂。（2014年7月）

（二）最终研究成果

（1）提高学生课堂参与积极性的课题研究报告。（2014年9月—2015年1月）

（2）提高学生课堂参与积极性的课题研究论文集。（2015年1月）

三、课题存在的问题及今后的设想

在研究过程中，虽然取得了一定成果，但也存在如下问题。

（1）教师教育教学观念仍需要进一步转变。实践中我们发现教师教育教学观念的转变仍然需要一个过程，教师要付出更多的努力，要消除急躁或急功近利的情绪，多关注学生，运用课堂教学艺术管理学生。大展示课堂开放度不够，部分教师包办多于开放，瞻前顾后，传统课堂模式的影子根深蒂固。

（2）导学案设计不够科学实用，盲目拼凑，一些过程资料记录粗糙、内容简单。今后建立逐级审核检查制度，坚决避免形式主义，不要虚功。九大主课明年起全部采用导学案，加大导学案的研写力度，争取科学、规范、实用、序列完整，如以单元为例，应有单元备课、课时备课、复习备课、讲评备课等，大展示讲评课的基本模式是：目标、错题统计、找准错因（让学习小组分类、讨论，找出错因）—自主纠正、反思内化、展示思路、暴露问题（由学生写出标准答案和自己犯错原因）—重点点拨、方法指导—变式训练、二次达标。也可以根据学生暴露问题的集中度设置错题重做卷和督促学生使用好纠错本。导学案其实就像厨师做菜，要掌握火候、配料、煎烹炸蒸煮等做法，如此方能做出色香味俱全的佳肴。所以导学案设计需要认真备课、备课标、备学情、备教法，切忌泛泛罗列知识点，要体现鲜明的学习过程。

大展示课堂建设仍有很长一段路要走，我们只是刚起步，需要调动全员积极参与，以后我们会继续围绕它做文章，争取让它快速成为精美的散文。

· 研究工作报告 ·

本课题研究周期为2013年9月—2015年1月，分前期准备、课题立项、实施研究、中期评估、深化总结五个阶段进行。目前课题研究完成了前期准备、课题立项和部分子课题实施研究工作，正进入课题中期评估阶段，现将前一阶段的研究工作报告如下。

一、课题研究概述

（一）研究背景

1. 宏观

世界上很多国家都在搞教育改革，科学的授课方式成为各个国家研究的主要问题。时代要求中学生不仅有强壮的体魄、良好的心理素质、高尚的品德，还应该有扎实的基础知识和良好的学习方式。众所周知，社会呼唤"科学的教育"。农村教育薄弱，加上家长对学生的期望度和关注度不高，一小部分学生对文化的学习不够重视，在课堂中无所事事。

2. 中观

中学阶段是培养科学素养的最佳时期，虽然基础教育课程改革正如火如荼地开展，但学生仍受应试教育体制影响，学习方式单一，缺乏科学的学习方法、自主意识和创新精神。因此，在课程改革进入再出发时期，我们的教育也应该再思考，重拾"科学素养、创新精神和动手实践能力"，研究如何使学生"参与到课堂中"，成为课堂中的主人。

3. 微观

我校确定"绽放生命，人人出彩"为办学理念。学校有深厚的历史底蕴和得天独厚的文化和科学氛围。然而，课题组对我校学生进行问卷调查发现，我校学生课堂参与度还是比较低的，学生缺少积极向上的学习态度和锲而不舍的学习品质，没有掌握科学的学习方法，"发现问题、分析问题、自我解决问题"的能力较差等。

（二）研究目标和主要内容

1. 研究目标

我们试图通过该课题研究，探索和构建一个行之有效的方法，着力培养我校学生的自主学习能力，包括"热爱科学、善于观察，学会发现、分析和解决问题的科学学习方法和思维方式，动手实践、大胆创新的科学意识和创造能力"等。具体目标如下。

（1）像李吉林老师那样通过创设情境吸引学生，激发学生的学习兴趣。

（2）采用小组合作和导学的方式培养学生的自主学习能力，减少教师课堂讲授的时间。

（3）通过每天下午的第四节课的社团活动，丰富学生的文化生活，让学生爱学校，进而爱课堂。

2. 研究内容

为实现上述目标，课题组努力探索和构建一个以精神文化为引领、集教学、社团活动于一体的模式，有效促进学生循序渐进地发展，使全校学生积极主动地参与学习、自我管理和动手实践，从而培养发现、分析和解决问题的学习能力和思考、实践、创新的动手能力。我们着重从以下几个方面做出了努力。

（1）利用课前3~4分钟，创设良好的课堂情境。

（2）通过小组导学的方式为学生提供自主学习的机会。

（3）用小组捆绑评价的方式，发挥小组的集体智慧。

（4）小组中的帮扶实现一对一，避免学生成为课堂的旁观者。

二、课题研究进程

（一）课题研究的前期准备工作（2013年6月—9月）

1. 对学校已有课题的研究

课题组通过查阅、梳理材料，把握学校总体课题研究走向；理性分析课题研究所取得的成果以及存在的不足；充分挖掘学校资源优势，准确定位学校、教师、学生的发展方向，找准突破口；邀请教科研资深教师论证，确定学校课题的研究方向；着手撰写课题研究方案初稿。

2. 教师科研能力现状调查

课题组通过对学校一线教师进行问卷调查，了解我校教师的教育教学科研情况，写出调查报告，寻找适合教师教科研工作实际、迎合教师不同发展需求、构建学校教科研网络的切入口，初步确定各子课题研究内容。

3. 学生学习现状调查

课题组通过对六、七年级学生进行问卷调查，了解学生课堂参与情况和上课走神的原因，分析、研究调查结果，完成"我校学生课堂参与情况"的调查，确定课题主要解决的问题和研究目标。

（二）课题研究的申报和开题工作（2013年10月—2014年2月）

1. 课题研究方案撰写、申报工作

课题组通过研究创新教育文献、学习理论、查阅资料，了解国内外同一研究领域的现状，寻找课题研究的支撑性理论，明确目前的宏观形势和中观教育背景，修改课题研究方案。邀请市教科研专家对课题方案进行初步论证，课题组再次修改，准备申报。

2. 开题论证会

2013年11月，学校邀请烟台市教科院院长张璇以及烟台市所有的教研员进行开题论证，之后课题组根据专家论证意见和建议，对课题方案进行调整、修改。紧接着，各子课题确定组长和成员，制订子课题研究方案，落实具体研究任务，启动课题研究。

（三）实施研究工作（2014年3月—7月）

1. 开展子课题：利用课前3~4分钟，创设良好的课堂情境

教师集聚到一起进行教研，用集体的智慧为学生的每一堂课创设良好的课堂情境。物理和化学老师利用学科优势用有趣的实验或者一段高科技的视频引入新课，语文和政治老师用学生身边的真实例子进行课前作文展示，都取得了很好的效果。

2. 开展子课题：通过小组导学的方式为学生提供自主学习的机会

一份用心的导学案的设计减少了教师的讲授，为学生提供了自主学习的机会。很多老师感慨，以前需要讲很多遍的知识，学生通过自学一遍就学会了。对学生的高度不信任是教师辛苦的最大原因。

3. 开展子课题：用小组捆绑评价的方式，发挥小组的集体智慧

当学生在自主学习过程中遇到问题时，他更愿意问同学，因为他们是平等的，没有教师的居高临下。所以，利用学生的心理特点建立一个好的评价体系成为课题组老师研究和探索的方向。经过不断的探索和实践，我们最后选用了如下方案：努力鼓励小组中的3、4号展示，1、2号点评，当3、4号展示成功时，给小组内的所有成员加双倍分。这个看似小小的改变，起到了四两拨千斤的作用，学生的积极性大大提高，用团队的力量调动更多的成员参与成了每个小组努力的方向。

4. 开展子课题：小组中的帮扶实现一对一，避免学生成为课堂的旁观者

为了避免小组讨论时只是几个小组长讲的局面，小组的成立和帮扶的细节都做到了一一对应，小组内的合作和讨论都有具体的分配，每一个学困生都得到了最大的照顾。他们也拥有参与课堂发表言论的机会。

5. 用不断的行动和深入的思考助力课题研究

（1）行动重要

课题研究不能纸上谈兵，所有参与课题研究的老师沉入课堂，对学生进行仔细的观察，课后和学生进行良好的沟通，了解学生真实存在的问题，和学生座谈，听取他们一些好的建议。

（2）自我研习，意识决定行动

2013年秋季以来，学校每月一次组织教师学习有关新课程课堂教学改革先进经验的文章、著作以及国家最新政策法规，并撰写学习心得。先后派11位教师赴省内和省外学习考察，多次组织全校性的教师心得交流活动，共21位教师做了主题发言。课题组教师更是时刻把握教育动向，紧跟素质教育步伐，使不断更新的理念内化为自觉的意识。

（3）同伴互助，沙龙催生感悟

学校分别于2014年7月12日、11月27日，2015年1月6日举行了三次主题沙龙活动。教师围绕"提高课堂参与度"的主题，从前置性学习任务设计、小组建设、课堂组织管理等方面，结合自己的课堂实践，交流了深刻体会和课堂实践的成功做法。课题组教师一致认为，在素质教育、新课程改革和五严规定的大背景下，在指导学生学会学习的新形势下，培养学生的科学精神和创新能力等科学素养，让学生全面参与到课堂中来，是真正解放学生学习力、激发学生学习潜能、焕发学生生命活力的教育。通过沙龙，教师以主人翁的态度对课题进行了全面、到位、深刻的思考，同伴互助使教师更会学习、更会思考。

（4）课堂磨炼，实践促进提高

自课题立项以来，课题组始终扎根课堂，开展了三次课题研讨课、四次课堂教学展示和多次课堂教学调研活动。在反复的课堂磨炼中，课题组教师坚持尝试"先学后教"模式，不断摸索如何有效、因材设计"前置性作业"；深入思考，有序、因材管理小组学习；科学合理组织学生讨论，努力提高学生课堂展示效果；研究有机、因势评价激励学生；等等。"先学后教、以学定教、多学少教、不教而教"的理念已深入人心，"前置性作业—小组讨论—课堂展示"的课堂教学流程已初步构建。学生学习状态良好，积极投入，敢于发言，善于思辨。

（5）课后总结，反思形成思想

课题组每开展一次研讨，课后都进行研究总结，以小组集体的智慧，对研讨课进行深度剖析，梳理出对学生科学素养培养的有益尝试，分析出潜在的、有待改进的拓展亮点，挖掘出下阶段的重点突破之处。通过常态开展反思性教学研讨，课题组在总结中突出反思，在碰撞中形成思想，以思想指导行动，以行动验证思想。

三、课题研究初步成效

自开展课题研究以来，通过"学习—感悟—设计—实践—反思—改进—总结"的研究方式，教师经历了思想的洗礼和实践的检阅，从对课题方案的感性认识到对研究过程的理性思考，教师都能侃侃而谈——个个"拉得出"，从有意识地将理念落实到行动，到实现课堂教学改革常态化，很多教师驾轻就熟——人人"打得响"。通过课堂参与，学生的观念逐步转变，思想趋于成熟，分析思考渐显深刻，自我学习逐渐自觉、自悟。教师、学生与学校紧紧连在一起；课题研究，使学校目睹教师、学生的共同发展；师生的隐性成长，充实着自己的生命，丰富着学校的内涵。

（一）学生层面

课题组通过观察、座谈、调查发现，学生的精神面貌、学习状态发生了可喜的变化。表现在如下方面。

第一，学生的学习状态有明显改善，学习指向更加明确。学生逐步形成科学的学习态度，他们在对待平时的家庭作业时，能坚持独立思考、按时完成；在遇到不会解答的难题时，基本不放弃，而是多角度思考。

第二，学生基本能够自主学习，课堂参与度很高。在学习一些陈述性知识时，他们能遵循自己的认知特点和规律，自己动脑筋想办法，考虑用恰当的、适合的学习方法；在学习一些程序性知识或带有挑战性的内容时，学生会借助课本和参考书提出假设并解答，在解答后会重新检查，并试着总结解题办法。这些都说明我们的学生开始学会独立思维，自主学习，且呈现良好的发展态势。

（二）学校层面

1. 学校科研在传承中发展

学校独有的"绽放生命，人人出彩"逐渐形成了学校独特的办学优势和传统。课题组坚持继承传统，依托资源，创新发展，正在形成以主打课题为线，以"以学生为本"的教育实验为抓手，以德育、教学和科技特色为整合的学校科研网络，营造了浓厚的课题研究氛围。

2. 课堂教学改革在发展中提升

学校始终坚持研修、实践、感悟齐步走，课题、课堂、课程相融合，实现科研、教学、管理共发展。课题组在先进教育理念引领下，以课堂为主阵地，以改革教学方式为途径，实现了课堂教学改革不断发展提升。课堂由传统的教师一讲到底转变为学生陈述知识要点、讲解解题过程、总结做题思路。教师努力做到"不见自我"，最大程度地突出了学习的主体——学生。教学环节上，学生经历了领受、领悟和提升三阶段。教师准备的前置性作业（学案）有如下特点：有质，能抓住学科最本质、最根本的内容，巧妙设计跟踪训练和变式练习，举一反三，方便学生领受；适量，在不影响其他功课的前提下，确保学生有足够的时间和能力又无须很刻意地完成，有利于常态化实施课堂教学。课堂上，学生看书阅读时认真仔细，小组讨论时积极发言，交流展示时落落大方，整个课堂，学生显得自觉、自然、自在。

3. 教师队伍在提升中优化

课题组通过问卷调查、座谈和观察等，深入了解大部分教师的发展需求，采用教师主动成长、课题推动发展、科研孕育人才的教师发展策略，培养了一批中青年骨干教师，推出了一批在教育、教学、科研方面都有所成绩的典型教师和群体。特别是实施课题研究以来，教师基本把"理论学习、课堂实践、总结反思、研修提升"作为一种生命自觉，科学理论素养迅速提高。因为有了这一抓手，教师参与教育教学研究的热情相比以前有明显提高。教师会观察思考、分析研究。2014年我校于波老师在烟台市的优质课评比中获奖，并在烟台市进行经验交流，门芝老师在远程研修中的教学设计和课堂实录获得省级三等奖。近三年，教师在市级以上刊物公开发表文章和在各种比赛中获奖比率显著提高。

四、课题研究差距

反复思考研究思路，认真分析课题研究环节，全面总结经验教训，课题组发现有来自课题方案的、研究者自身的以及来自学生等方面的不足与差距，现主要剖析自我，得到点滴感悟，以待今后改进。

（一）弄明白研究主要内容和目标是前提

课题组教师一定要提高对课题研究的认识，潜心思考研究现状，认真寻找解决对策，提出科学合理的研究目标，克服急于冒进和研究表面化、形式化。

（二）厘清操作思路是保障

必须用系统论的观点观察问题、分析问题、研究问题和解决问题，厘清研究内容的逻辑顺序，有主次重点地形成操作思路和研究蓝本，保障各项工作的扎实有序开展，提高课题研究的效益。

（三）深度挖掘课题活动是策略

必须在科学理论的支撑下，紧密围绕研究内容，精心组织策划课题活动，充分体现课题研究为教育教学服务的功能和促进学生、教师和学校发展的价值和意义，将研修、教学、管理有机整合起来，发挥系统结构的功能，收到"四两拨千斤"的实效。

（四）提炼研究成果是关键

厚积薄发是课题研究的重要策略，课题组要重视每一个研究活动的实施、每一个微小成果的积累、每一位教师成功的积淀，以丰富课题研究的成果。但是，有概括才有迁移，高度提炼研究成果是延伸课题意义的关键，课题组要提高自身的提炼概括能力，从堆砌的成果中，用高度概括的语言揭示出成果背后的规律性的内容，真正将科研成果转化为生产力。

附1　课题相关图片

以下为本次课题研究过程中的相关图片（图4-1-1~图4-1-5）。

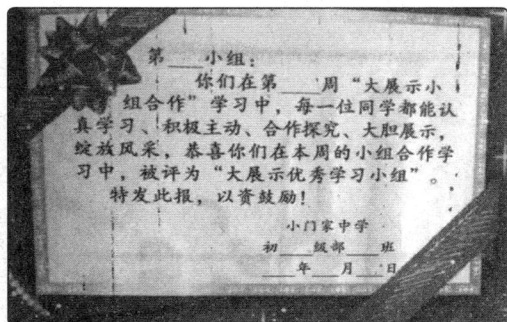

第____小组：
　　你们在第____周"大展示小组合作"学习中，每一位同学都能认真学习、积极主动、合作探究、大胆展示，绽放风采，恭喜你们在本周的小组合作学习中，被评为"大展示优秀学习小组"。
　　特发此报，以资鼓励！
　　　　　　　　　　　　　小门家中学
　　　　　　　　　　初____级____部____班
　　　　　　　　　　　　年____月____日

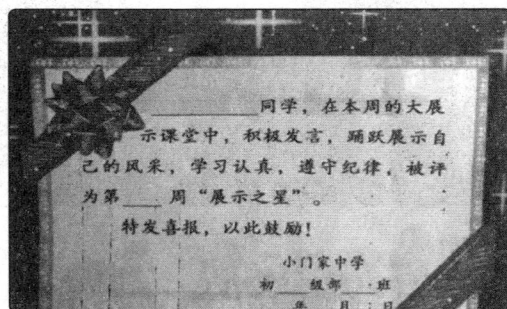

　　　　　　____同学，在本周的大展示课堂中，积极发言，踊跃展示自己的风采，学习认真，遵守纪律，被评为第____周"展示之星"。
　　特发喜报，以此鼓励！
　　　　　　　　　　　　　小门家中学
　　　　　　　　　　初____级____部____班
　　　　　　　　　　　　年____月____日

图 4-1-1

图 4-1-2

图 4-1-3

图 4-1-4

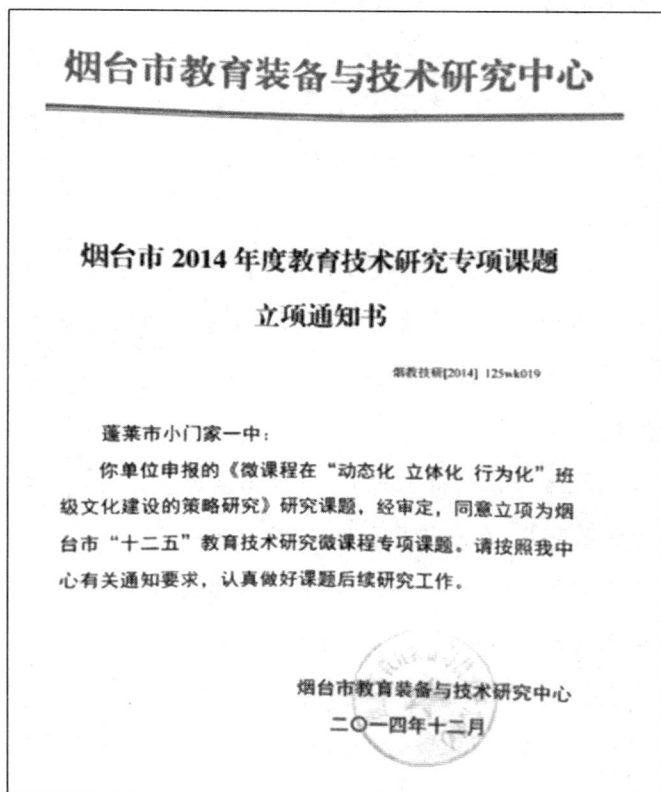

烟台市教育装备与技术研究中心

烟台市 2014 年度教育技术研究专项课题
立项通知书

烟教技研[2014] 125wk019

蓬莱市小门家一中：

你单位申报的《微课程在"动态化 立体化 行为化"班级文化建设的策略研究》研究课题，经审定，同意立项为烟台市"十二五"教育技术研究微课程专项课题。请按照我中心有关通知要求，认真做好课题后续研究工作。

烟台市教育装备与技术研究中心
二〇一四年十二月

图 4-1-5

附2："快乐王国"快乐币奖励方案

为全面提升"快乐王国国民"的综合素质（学习能力、实践能力、创新精神、团队合作能力等），让每一名"国民"成为"快乐王国"的真正主人，发挥小组合作评价的激励性，把学校各项活动变成推动课堂教学的有效力量，制订本方案。

一、小组合作奖励（每学期第一、三月发放）

各班级要积极采取"大展示"高效课堂模式教学，每周统计好小组加分情况，月底将加分情况汇总上报学校。排名第一的小组，每月获得40枚快乐币的奖励，排名第二的小组，每月获得30枚快乐币的奖励。快乐币由小组长在班主任的指导下根据组内成员的贡献率进行分配。

二、期中检测奖励（每学期第二个月发放）

（一）学习明星

每班前10名为学习明星。第1~第3名每人获得15枚快乐币，第4~第6名每人获得10枚快乐币，第7~第10名每人获得5枚快乐币。

（二）优秀明星（优秀小组）

每班奖励平均成绩前2名小组。第1名小组获得40枚快乐币，第2名小组获得30枚快乐币。快乐币由小组长在班主任的指导下根据组内成员的贡献率进行分配。

（三）进步明星

每班结合上次期末考试，评选出5名进步幅度最大的同学。前2名同学每人获得10枚快乐币，第3~第5名同学每人获得5枚快乐币。

（四）九年级同学实行上述（一）（三）项奖励。

三、期末检测奖励（每学期第四个月发放）

（一）学习明星

每班前10名为学习明星。第1~第3名每人获得20枚快乐币，第4~第6名每人获得15枚快乐币，第7~第10名每人获得10枚快乐币。

（二）优秀明星（优秀小组）

每班奖励平均成绩前2名小组。第1名小组获得40枚快乐币，第2名小组获得30枚快乐币。快乐币由小组长在班主任的指导下根据组内成员的贡献率进行分配。

（三）进步小组

每班评选出1个进步幅度最大的小组（对比期中考试），奖励30枚快乐币，具体分配方案同（二）。

（四）进步明星

每班结合期中考试成绩，评选出5名进步幅度最大的同学。前2名同学每人获得10枚快乐币，第3~第5名同学每人获得5枚快乐币。

（五）九年级同学实行上述（一）（四）项奖励。

四、学校组织的各项文体活动

（一）集体项目（歌咏、运动会等比赛）

一等奖获得100枚快乐币。

（二）个人项目（演讲、竞赛等）

第1名同学获得30枚快乐币，第二名同学获得20枚快乐币。

五、蓬莱市级比赛

（一）集体项目

1. 文艺汇演类

一等奖：每名参演同学获得10枚快乐币。二等奖：每名参演同学获得5枚快乐币。

2. 运动会

运动员每得1分，奖励10枚快乐币。

3. 篮、排球（决赛）

总名次第1~第4名，每名参赛同学获得10枚快乐币，总名次第5~第8名，每名参赛同学获得5枚快乐币。

（二）个人项目

1. 演讲、征文等活动

一等奖：每名获奖同学获得50枚快乐币。二等奖：每名获奖同学获得40枚快乐币。

2. 研究成果、科技大赛、创新大赛等

一等奖：每名获奖同学获得100枚快乐币。二等奖：每名获奖同学获得50枚快乐币。

六、烟台市级比赛

（一）演讲、征文等活动

一等奖：每名获奖同学获得100枚快乐币。二等奖：每名获奖同学获得50枚快乐币。

（二）研究成果、科技大赛、创新大赛等

一等奖：每名获奖同学获得200枚快乐币。二等奖：每名获奖同学获得100枚快乐币。三等奖：每名获奖同学获得50枚快乐币。

七、山东省级比赛

（一）演讲、征文等

一等奖：每名获奖同学获得200枚快乐币。二等奖：每名获奖同学获得100枚快乐币。三等奖：每名获奖同学奖励50快乐币。

（二）研究成果、科技大赛、创新大赛等

一等奖：每名获奖同学获得300枚快乐币。二等奖：每名获奖同学获得200枚快乐币。三等奖：每名获奖同学获得100枚快乐币。

八、国家级比赛

（一）演讲、征文等

一等奖：每名获奖同学获得300枚快乐币。二等奖：每名获奖同学获得200枚快乐币。三等奖：每名获奖同学获得100枚快乐币。

（二）研究成果、科技大赛等创新大赛

一等奖：每名获奖同学获得500枚快乐币。二等奖：每名获奖同学获得300枚快乐币。三等奖：每名获奖同学获得200枚快乐币。

对未尽事宜，"快乐王国"保留最终解释权。

·成果鉴定申请·审批书·

一、成果简介

丁永恒：《教学要适应学生的需要》发表于《烟台教育》，《例谈初中生物教学中问题情境的创设》获山东教科研优秀成果一等奖。

宁福祥、王建丽、景雪静、于波、郭娟、刘丽华的课堂获蓬莱市"和谐高效、思维对话"优质课。

课题组开发的课程资源《初中心理健康教育》获山东省优秀课程资源一等奖。

于波：《小门家镇村民健身现状调查》《宝贵的水资源》均获烟台市优质课奖。

隋艳平：获"烟台市初中体育与健康优质课"一等奖。

曹业君：获"烟台市教师教学业务技能大赛"一等奖。

朱志强：《探究影响过氧化氢溶液分解速率的因素》获烟台市优质课奖。

王江：获评烟台教科研先进个人。

魏彦文等编写的《初中心理健康教育》获评山东省优秀课程资源。

学校获评2014年烟台教育系统先进单位。

二、阶段成果

以下为重要的阶段成果统计表（表4-1-3）。

表4-1-3

序号	作者	成果形式	字数	完成时间	成果载体
1	丁永恒	论文	2 126	2012.12	《烟台教育》
2	宁彦来	论文	2 056	2012.12	《中国教育报》
3	朱志强	优质课		2013.04	烟台市教育局
4	于波	优质课一等奖		2013.05	烟台市教育局
5	丁永恒	科研成果一等奖	3 560	2013.06	山东省教育局
6	隋艳平	优质课一等奖		2013.06	烟台市教育局
7	曹业君	技能大赛一等奖		2013.07	烟台市教育局
8	魏彦文	课程资源一等奖	21 600	2013.12	山东省教育局
9	王江	教科研先进个人		2013.11	烟台市教育局
10	门芝	优秀作品		2013.12	山东中小学师资培训中心
11	宁福祥等	优质课		2014.08	蓬莱市教育局
12	学校	先进单位		2014.09	烟台市教育局

三、课题自我鉴定意见

自课题立项以来，我们积极组建课题小组，规范研究过程，不断完善评价与激励机制，提升全体课题组成员的参与意识与参与能力，使课题研究与平时教学一体化，坚持一丝不苟的工作作风，形成了领导重视与教师积极参与的良好研究氛围，保证了课题研究的顺利与有效开展。

（1）该课题符合新课程改革的理念，针对当前农村初中学生课堂上不愿参与或消极参与的问题展开研究。在课题研究过程中，课题与实践紧密结合，通过各种方法培养了学生参与课堂学习的兴趣，具有积极的实践意义。

（2）该课题研究思路清晰，研究方法得当，研究过程扎实有效。这一课题研究使教师的观念普遍实现了转变，使教师的教学行为发生了转变，得出了在农村初中课堂中激发学生学习兴趣、提高学生学习积极性的方法，教师的课堂教学水平有了大幅度的提高。

（3）该课题的研究，提高了学生课堂参与的积极性。2012年6月合校以后，针对课堂教学存在的问题，我们经过反复研究论证决定全面实行课程改革。树立大课程、大课堂理念，以"绽放生命"为主题，以"人人出彩"为目标，以课堂建设为抓手，以小组合作学习为平台，建立了以"以学生展示为主"的合作高效课堂，给学生搭建了全面参与的舞台，让教师明确"阳光大展示"就是让学生能阳光地"五表"（表述、表达、表演、表现、表露），还给学生"三权"（说话权、表达权、表演权）。学生在教师创设的氛围宽松、和谐的课堂中都能积极大胆地展示自己，一部分同学甚至能够充当老师的角色。在研究的过程中，所有的学生都享受到了学习的乐趣和成功的喜悦，学生的学习水平有了明显的提高。

（4）课题组成员在研究过程中，学习了大量的现代教育教学论著，自身素质、教科研水平有显著提高。在课题研究过程中，我们逐步形成了一支人文精神、科研素质优良，生机勃勃的研究队伍，并随着课题研究的不断深入，进一步扩大了实验与研究群体。

（5）课题组成员的多篇论文在各级刊物上发表，课题研究的优质课在市优质课评选中获奖，课题主持人的论文在省级报刊公开发表，课题研究取得了较丰富的实践成果。

（6）该课题在相关实验数据的收集整理上还需要进一步规范，在学科教学模式构建方面还有待于进一步充实完善。

在研究过程中，我们主要采取行动研究，在实践中研究，在研究中反思，在反思中改进，循环往复，既注重理论的学习与思考，又注重具体的实践探索，初步形成了"大展示"合作高效课堂的理论体系并将其应用到实践中去，使教师实现了有效教学，使所有学生实现了有效学习，促进了优等生的发展，更激发了后进生的学习热情，师生成果较为丰富。

"城郊初中学校家庭社区德育一体化的实践研究"课题研究

·课题申请书·

一、课题设计论证

（一）课题提出的背景及要解决的问题

十八大和十八届三中全会提出要把立德树人的要求落到实处。2014年教育部印发《关于全面深化课程改革落实立德树人根本任务的意见》，提出"教育部将组织研究提出各学段学生发展核心素养体系，明确学生应具备的适应终身发展和社会发展需要的必备品格和关键能力"。中国学生的核心素养从中观层面深入回答了"立什么德、树什么人"的根本问题，引领课程改革和育人模式变革。从马加爵事件到最近爆出的校园暴力事件，中学生道德水平的滑坡，受到了社会各界的广泛关注，静下心来反思我们对孩子的教育，似乎能够找到一些深层的原因：部分教师过多关注孩子的成绩，而忽视了对孩子道德素质的培养。很多家庭物质生活水平提高了，开始关注孩子的成长，但是缺乏正确的方法，教育随意性强，有的溺爱、娇惯，一味迁就，有的简单粗暴地采取棍棒教育，部分家庭父子关系紧张，这让一些家庭陷入了深深的焦虑之中；还有部分家庭教育环境不良，父母不正确的世界观、人生观、价值观在时时刻刻影响着孩子的健康成长，致使他们的孩子也染上同他们一样的坏习惯。除了家庭教育和学校教育，社会教育也很重要，我们生活在社会之中，无时无刻不受着社会的影响。深入查找问题产生的根源，寻找解决问题的办法，是我们研究本课题的初衷，我们希望通过这个课题的研究，提升教师和家长的教育理念，家校联手共同提高学生的德育水平，造福城郊初中的青少年，把好的办法加以推广，惠及更多的孩子和家庭。"小家安则大国兴"！

（二）国内外研究的现状和趋势

国内外的很多学者和一线教师都曾经对此做了深入的研究，取得了一定的成果：美国的Mega Skill学校、家庭和社区合作开展项目，参加项目的家长在教师的指导下免费学习家教的理念。英国也不断探索三者的共建模式，寻求管理学生行为的有效策略。2000年9月，新加坡社区发展部、青年及体育部联合成立了家庭教育民众委员会，委员会通过学校来培训家长，使家长能更好地与孩子沟通，并对每个孩子进行价值观教育，以使每个家庭都能健康快乐，社会安定富强。国内以及本市的专家和教师也在权威的教育期刊上发表了很多有价值的文章，有很多值得借鉴的地方，莱州市的"《父母规》100天落地计划"取得了很好的效果。参训教师和家长的理念都得到了很大的提高。本课题在借鉴以上成功经验的同时更加注重在实践和行动中探索、总结、归纳、提升。目前学校的《父母规》教育培训开展得如火如荼，受到了家长和社区群众的一致好评，大家踊跃参加学校的宣讲，收获很大，改变很大！另外，学校的"百名教师访千家"活动，使传统的家访被赋予了新的含义；学校的各种社团活动，使孩子的兴趣生根发芽，茁壮成长；学校的亲子共读一本书活动，让家长改变了沉迷手机的习惯，陪伴孩子共同成长，在阅读中陶冶学生的情操，培养学生高尚的品德。

这些扎实有效的活动取得了很好的效果：家庭和睦的多了，学校的问题孩子少了，愿意帮助别人、品德优良的学生越来越多。学校的管理没有用简单粗暴的方式，而是举办这些春风化雨般的活动，取得了意想不到的效果。

苏霍姆林斯基说过："每瞬间，你看到孩子，也就看到了自己；你教育孩子，也就是教育自己，并检验自己的人格。"

（三）本课题研究的主要目标

（1）通过《父母规》的系列宣讲活动，教给家长正确的教育理念，建设更多的幸福家庭，培育优秀的下一代。

（2）以全体学生为德育对象，以班级为单位，以育人为核心，广泛开展学校、家庭和社区相结合的德育教育，"让每一个学生都得到发展"，使学校真正做到"为学生的成才奠基，为社区的发展服务"。

（3）通过"百名教师访千家"活动，帮助城郊的家长寻找解决"问题孩子"的办法。

（4）通过社团活动和亲子共读书活动陶冶学生高尚的道德情操。

（四）具体内容和方法步骤

我们习惯于把家庭教育、学校教育、社会教育称为三大教育体系，这三大教育如果能够积极地融合在一起，必将发挥超乎寻常的作用。家庭教育和社会教育在思想道德建设中具有重要的作用，但是在现实生活中这两方面的教育是短板，所以我们要发挥好学校德育工作的桥梁作用，通过讲座、家访、亲子共读等活动把三大教育体系有机地联系到一起，建立以学校教育为中心，家庭教育为基点，社会教育为依托的整体育人的系统工程，打造教育"共同体"，真正达到育人的目的。

1. 学校教育是"共同体"的中心

学校教育不仅要重视学生知识的积累和更新，还要注重培养学生的核心素养。让学生在实践中应用，学用相长，才能达到最终的教育目的。

抓好德育工作，通过社团活动、主题班会等形式促使学生初步形成正确的人生观、价值观，世界观。另外，通过"百名教师访千家"活动，对学生进行家访，成立家长委员会，做好家访后续的跟踪工作，协助家长巩固家访的成果，密切学校与家庭的教育协作。开展形式多样、符合学生认知和成长的德育系列活动，如在国际减灾日进行防震演练；在全国消防日进行防火灾演练；在国家安全教育日带领学生走进中央战区驻蓬某部，听指导员介绍国防知识，提高学生国家安全意识，增强学生爱国热情。在一个学期内建立健全德育评价体系，全方位、多层面、多角度、科学合理地评价学生的成长。

2. 家庭教育是"共同体"的基础

家长是孩子的第一任老师，家长的一言一行都直接影响着孩子今后的发展。青少年的发展在很大程度上取决于家庭环境。家庭的结构特点，家庭的稳定性，父母的思想意识、文化修养、言行举止和教育方式都对子女的身心发展产生不同程度的影响。

有些家长望子成龙心切，但在子女成才的观念上存在错误，只重视各科的学习成绩，而忽视了对其思想道德的培养教育。如何做合格的父母是一个大学问。家庭教育的力量是无形的，其中很重要的一点，就是营造一个良好的家庭氛围。孩子喜欢模仿，在道德和品质上很容易受父母的影响。所以在道德品质方面，家长要树立正确的教育观念，讲究教育艺术性，采取明确的态度，宽严并济，适时适度地对孩子进行思想上的引导。学校组织家长进行《父母规》的系列培训教育，为了让教育真正落地，我们制订了父母100天成长计划，通过不断坚持，让父母养成良好的教子习惯。以铜为镜正衣冠，以子为镜照己过，让家长学会做优秀父母，用自己的言行举止感染孩子，与孩子一起成长。良好的品质行为习惯不仅影响父母自己的人生，也影响孩子的一生，是一个家庭中最宝贵的财富。

3. 社区教育是"共同体"的深化

通过寒暑假的综合实践活动，孩子亲近社会，了解社会，进而承担力所能及的责任，学会了关爱他人。"德育的本质是实践"，通过亲子共读一本书的社区活动，孩子在阅读中享受精神的滋养，体验不曾体验的人生，在阅读中看到世界的更多美好，心灵可以恣意徜徉。该活动牵起了孩子和父母永远也不能断的那根线，营造读书的良好社会氛围。

学生的可塑性较强，他们的文化素质和道德水平直接影响着校园文化建设和学校的可持续发展。因此，学生行为习惯养成教育举足轻重。在提倡素质教育、塑造和谐人格的今天，在以人为本、重视学生终身发展的新课程理念下，我们应将工作重心转移到对学生成长过程的关注，要从日常的衣、食、住、行等生活环节和知、情、意、行等学习结构入手，建章立制，将结果与过程联系起来，使学校教育教学管理走上科学化、制度化、精细化的正确轨道。

（五）预期成果及形式

通过《父母规》的宣讲和100天成长计划，用"父母日记"的方式集中分享和展示家长的成长和进步。"百名教师访千家"活动以论文的形式发表在教育期刊上。社团活动和亲子共读活动用美篇和论文的方式进行公开发表。

这些德育活动产生了一定的实效，为课题的进一步开展积累了很多宝贵的经验，教体局的领导和学校的李校长对此高度重视，给予了物质上的帮助。课题组成员李献平和王裕峰校长参与多个省级课题并顺利结题，课题组成员还有隋成军校长，有丰富课题研究的烟台名师宁彦来老师，常年担任班主任的陈建新老师、唐豪强老师、门芝老师，这个优秀的团队必将让整个课题研究产生巨大的社会效益，必将造福很多的家庭。

二、负责人和课题组主要成员近五年来主持的相关研究课题

表4-2-1为课题负责人和课题组主要成员近五年来主持的相关研究课题表。

表4-2-1

主持人	课题名称	课题类别	批准时间（年份）	批准单位	完成情况
李献平	"十二五"规划课题《初中英语分组合作教学的研究》	烟台市	2013	烟台市教育科学规划办公室	结题
王裕封	初中数学分组教学的研究	山东省	2012	山东省教育科学规划领导小组办公室	结题
李献平	信息技术在中小学英语教学中应用研究	国家级	2013	教育部委托信息技术在中小学英语教学中应用研究课题组	结题
李献平	微课程在数学、物理、化学学科中易错题、重难点、课后作业中有效应用研究	烟台市	2013	烟台市教育装备与技术研究中心	结题

三、预期研究成果

表4-2-2为课题预期研究成果表。

表4-2-2

序号	完成时间	最终成果名称	成果形式	负责人
1	2017.12	让《父母规》在家长的心田盛开	论文	李献平
2	2018.06	让老旧的家访焕发青春的活力	论文	王裕封
3	2017.09	父母日记展示	其他	宁彦来
4	2018.11	亲子共读，用阅读滋养孩子的梦想	论文	陈建新

·策略研究方案·

一、研究对象和范围

为了全面了解青少年学生思想道德教育的发展状况与需求，我们有目的地选择了位于水城新区和西关小区的学生，以及位于城乡接合部的蓬莱市第二实验中学的学生作为实验的研究对象。

二、研究内容

（一）实验内容

本项实验的内容如下。

（1）了解并掌握实验学校学生的思想道德素质发展状况。

（2）立足社区、学校和家庭，开展一系列有利于青少年身心健康成长的思想道德教育活动。

（3）探索和构建能有效进行学校、家庭和社区三位一体的青少年思想道德教育新模式。

（二）调查内容

此次调查的内容包括以下五个方面。

（1）城区中学的德育实践情况（德育课程开展、德育活动、心理健康、行为规范三结合教育、校园文化）。

（2）德育工作的组织管理（规章制度、物质保障）。

（3）德育的队伍建设（德育科研、培训）。

（4）德育效果（师生道德素养）。

（5）德育突出成果（德育特色）。

三、研究方法

在实验研究的途径和方法上，我们主要从以下三大方面入手。

（1）运用调查法、访谈法、观察法等方法开展研究。主要对青少年思想道德素质情况进行问卷调查和访谈，同时调查和走访部分家长和社区居民，从侧面进行了解。另外，结合平时观察到的情况，对目前青少年的思想道德情况进行分析研究，找准教育突破口，有的放矢地予以教育。（详见《青少年思想道德素质调查报告》）

（2）通过开展系列教育活动进行研究。针对青少年学生活泼好动的特点，我们结合青少年的思想实际，开展从课内到课外，从校内到校外，从家庭到社区的系列德育活动。例如，利用每个周末开展的"父母规"和珍爱生命的宣讲活动，实验二中开展的"四个一工程"和"书香之家"活动等。

（3）运用"三结合"教育网络格局进行研究。建立以学校为主体，以家庭为支柱，以社区为依托的多功能育人网络，形成青少年思想德育四大模式。

四、研究步骤

（一）第一阶段：酝酿准备阶段

（1）成立课题研究小组，确立研究人员，撰写开题报告。

（2）广泛搜集有关学校、家庭、社区德育一体化的理论资料。

（3）拟定课题实施的操作方案，请专家指导，进行开题论证。

（二）第二阶段：启动实施阶段

（1）自2017年9月起，对学校、家庭、社区德育一体化相关问题进行调研。

（2）至2017年11月，通过对青少年学生、家长及社区居民走访，发放调查问卷等形式对青少年的思想道德素质情况进行分析，找出存在问题的症结，寻找解决问题的途径。

（3）2018年4月，召开家长委员会和班主任会议，讨论青少年的思想问题，继续开展"父母规"系列宣讲活动。充分利用学校、社区的优质教育资源，实行资源的双向开放，加强对青少年的思想教育工作。

（4）2018年6月完成对学校、家庭、社区德育一体化相关问题的调研。

（三）第三阶段：总结阶段

（1）2018年10月，完成对学校、家庭、社区德育一体化效果、突出成果的调研。

（2）2018年11月，完成调研报告。

五、研究安排

（1）通过对青少年学生、家长及社区居民走访，发放调查问卷等形式对青少年的思想道德素质情况进行分析，找出存在问题的症结，寻找解决问题的途径。

（2）召开会议，讨论青少年的思想问题，开展暑期践行社会主义荣辱观教育系列活动。

（3）针对我校的实际情况，采取以"四个一工程"为载体，以学生为中心的"学校、家庭、社区互动互赢"模式，构建"学校、家庭、社区三位一体学习共同体"。

（4）利用我校正在实施素质教育之机，创建"书香之家"，完善学校与家庭教育互动机制，提高青少年学生的思想品德，为建设学习型家庭奠定坚实的基础。

（5）积极开展以西关小区社区为中心、以学生发展为根本的各项教育活动，促进中小学生健康人格的形成；同时以家长、学校为基点，不断完善"家校社联系制度"，形成教育的系统性、一致性。

（6）充分利用学校、社区的优质教育资源，实行资源的双向开放，加强对青少年的思想教育工作。

六、研究形式

通过走访、问卷调查等形式，对青少年进行"三位一体"的思想道德教育，不断提高家庭成员的综合素质，提升家庭的文明程度，实现学校、家庭与社会的同步发展，促进学习型社会的形成。最终形成学校德育工作开展的结果，以论文、研究报告等方式在教育期刊上公开发表。

· 中期报告 ·

一、研究的过程和具体措施

（一）研究过程

1. 第一步骤：准备阶段（2017年8月—2017年10月）

（1）筹建课题组和各年级子课题组，确定研究内容。

（2）申报立项，解决课题的论证、计划等问题。

（3）落实研究人员及分工研究计划；设计方案，开展课题有关政策依据、法规依据、教育科学理论依据及研究对象的自身发展规律依据研究，进行可行性论证。

（4）查阅文献资料及收集材料。

（5）对学生的道德水平进行调查，建立成长档案，收集学生基础信息。

（6）对学生家庭进行调查，搜集并掌握家庭状况与家长素质。

（7）课题实验筹备阶段小结。

2. 第二步骤：实施阶段（2017年11月—2018年10月）

（1）运用调查法对开展课题研究以来的情况进行调查总结。

（2）按照课题实验方案规定的目标和方法执行过程操作和管理。

（3）分析课题研究的创新与存在的问题，并进行完善与改进。

（4）修改完善课题方案，调查课题研究情况。

（5）课题中期阶段总结。

3. 第三步骤：课题总结、申报结题阶段（2018年11月—2019年1月）

（1）完成课题实验总结报告。

（2）整理归纳和总结课题研究资料，完成研究工作所涉及的各种文字资料。

（3）推介成功案例。

（4）科研成果申报、结题。

（二）具体措施

1. 健全管理机构，加强实验指导

（1）成立课题领导小组，确保研究顺利进行

从申请课题开始，我校就成立了德育研究与指导中心，批准成立课题"整体构建学校、家庭、社会和谐德育体系研究与实验"的子课题"学校、社会、家庭三位一体德育教育效能的研究"研究领导小组，由富有经验的老校长担任课题组顾问，由年轻充满干劲的德育处主任任组长，12位责任心强、有开拓精神的骨干教师为成员。课题小组定期组织例会，明确研究任务，制订研究方案，指导实验研究的过程，使这项研究得以有条不紊、扎扎实实地开展，并要求全校教师共同参与研究。我校及时请老校长指导工作，培训课题组成员，对课题的界定、意义、实施细则、步骤、具体措施、保障机制都一一作了详细的讨论，这为本课题研究提供了有力的组织保证。

（2）调查了解现状，制订方案

做好本课题研究的重要前提是对"学校、社会、家庭三位一体德育教育效能的研究"有较充分、正确的认识，对我校课堂教学的现状，家庭、社会与学校的联系，以及对学生正反两方面的影响有较全面、客观的了解。为此，我们进行了大量的文献资料检索和现状调查工作，广泛查阅了各种相关的理论及发展学生个性特长和未成年人思想道德建设的有关资料，发动全体教师从教育教学实践、学生思想实际状况出发提出问题，从中找出普遍性的问题，作为需要解决的重点问题来研究。我们认真地向有关专家、学者请教，然后集体反复讨论，由专人执笔，确定了课题研究方案，并对课题方案的科学性和可行性进行了开题论证。

2. 普及科研理论，提高教师素质

（1）了解研究载体，明确目的

理论是行为的先导，目的是研究的方向。为使课题组教师加深对研究的

认识、明确意义、更新教育观念、提升理论素养，我们广泛搜集有关资料，组织大家对《整体构建学校德育体系——小学实践导引》《整体构建学校德育体系——导论》等资料进行了认真研读，充分了解了此项课题的内容及特点。特别是在寻找学校、家庭、社会和谐德育途径、方法方面，把看似抽象的道德信条具体化，使道德教育真正贴近学生的心灵，采用不同形式，在学校、家庭、社会协调下，对学生进行德育教育，尽可能使学生在一种和谐的氛围中去接受这种无形的德育教育。

（2）学习先进经验，少走弯路

实践伊始，课题小组搜集了大量有关实验课题的先进的、优秀的经验，组织教师学习《中国德育》《新德育》《小学德育》《班主任》《小学德育报》等资料，寻求一些有关和谐德育教育成功的做法和经验。实验教师对这些好的经验做法反复研究讨论，并结合自己的实际，学以致用。实践证明，这使我们的研究工作少走了很多弯路，同时也提高了实验教师的理论水平。

（3）注重心得体会积累，带动教师转变

① 写案例，谈体会，为教师提供了一个记录自己教育经历的机会。每一位教师每天都要为教育好每个孩子费很多口舌，耗很多心血，处理很多事例，然而大多数教师却把教育过程中闪耀过的机智的火花丢给了速逝的光阴。教师在日常教育教学中将自己遇到的一些事例，通过谈体会或论文的形式再现出来，实际上就是对其职业生涯中的一些困惑、喜悦、问题等的记录和摹写。我校开展谈体会研究活动以来，涌现出许多优秀的典型。另外，教师对各类问题的记录无疑是一个折射社会、学校、家庭对孩子影响的万花筒，这对教师、对家长而言都是一笔财富。对学校而言，在课题研究过程中的收获是一项很好的研究成果。

② 心得体会为教师之间分享经验、加强沟通提供了一种有效的方式。教师工作主要体现为一种个体化劳动过程，平时相互之间的交流相对较少。而心得体会是以书面形式反映某位或某些教师的教育教学经历，它可以使其他教师有效地了解同事的思想行为，使个人的经验成为大家共享的经验。通过谈体会，

教师知道自己的同事在想些什么，做些什么，面临的问题又是什么，提出的相应对策有哪些。在这种情况下，教师也会思考假如自己面临同样或类似的问题该如何处理，在自己的教学经历中，是否有同样的或类似的经历，能否进一步形成案例或经验，等等。这种做法，可以形成一种新的教师文化。

3. 注重活动开展，促进课题研究

（1）德育内容系列化

① 主题月德育活动一丝不苟。我们坚持把思想教育、品德教育、纪律教育、公德教育、法治安全教育等作为学校德育工作的重点，遵循由浅入深、循序渐进的原则，根据《小学德育纲要》的要求，结合我校实际，开展德育教育月主题活动，主要内容包括爱国主义教育、集体主义教育、文明礼仪教育、孝亲敬长教育、习惯养成教育、环境保护教育、热爱劳动教育、法制规约教育、激励转化教育等。在每种教育内容的实验研究中，都有一个共同的基本目标——争创"新三好"，即在家做个好孩子，在校做个好学生，在社会做个好少年。

② 我们还通过营造文明的校园文化氛围，使学生受到潜移默化的教育。校园文化建设是陶冶学生思想情操，对学生进行素质教育的重要途径。做好校园文化建设即对学生进行无声的德育教育，通过努力，我们基本上做到了净化、绿化、美化，长年有绿，四季有花，处处育人。通过优美的校园环境、和谐的人际关系、师生的文明行为等，学生在不知不觉中受到感染，形成观念，进而转化为行为。

③ 多种形式指导家教工作。我们在充分发挥学校教育主渠道作用的同时，十分注重家庭、社会的教育和影响，实现三结合教育。例如：召开家长会，交流家庭教育经验；聘请"知心姐姐"来校做讲座，向家长普及家庭教育知识，指导家长学会正确教育子女的方法，帮助家长实现"望子成龙，望女成凤"的愿望。同时，我们开展系列亲子活动，寻求家校和谐德育的途径与方法。

④ 多种活动与家长沟通。每学期，我校都会请家长参与学校的大型教育活动。都说家长是孩子的一面镜子，我们就把这面"镜子"拿到学生面前，让

学生仔细地照照，如举办教学开放周、亲子游戏、"六一"艺术节展演等，我们都请家长来校参与，让家长看我们的教育教学情况及校容校貌，听我们表彰优秀，然后充分交流。同时，让家长与优秀队员合影，这一照一瞧，既是对学生向上思想的极好激励，也是对实施良好家教的充分肯定和向更高标准看齐的极好激励，这就是我们想要的教育合力，也是和谐德育的体现。为检验德育效果，德育处及时向家长发放问卷调查，了解家长对学校办学的意见和建议，了解学生在家里的思想状况和行为表现，实现了家校和谐沟通，达到了共同教育孩子的最佳效果。

⑤ 积极构建德育活动社会化模式。学校德育处每学期定期组织学生走向大自然，走向社会。例如：走向大自然，去凤山妈祖、红海湾、种植园等地观赏；组织参与志愿服务和献爱心活动，慰问孤寡老人，为地震灾区和患白血病儿童捐款等；组织学生开展社会调查，了解社会发展变化，完成调查报告；走驻地访消防救援人员，学习安全知识；聘请派出所警员为法治副校长，举办法治教育讲座，主讲的内容有"理想与道德""社会与法律""青少年维权岗服务"等，不断增强学生的法治观念。

⑥ 加强内部管理，拟定了内部管理方案。德育处、大队部先后制定了"小学生卫生公约""小学生礼仪规范"和"学生一日行为规范"等，同时组织每周一次的纪律、卫生流动红旗评比和每月一次的"班级之星""校园之星"评比活动，每项活动都有计划、有记录、有总结，取得了良好的教育效果。

（2）德育方法科学化

我们在实验中，坚持德育工作研究的方向性、针对性、情感性、趣味性和激励性有机统一，以提高德育的实效性。

① 方向性，使德育实验研究富有"向心力"。我们坚持教书育人的方向，大力开展德育工作，做到"讲层次、有实效"。例如，每周一通过班会和校园宣传栏，对学生进行理想、传统道德和时事政策教育，宣传好人好事，使学生了解我国改革开放的大好形势，学习各行各业英模的高尚情操，学习本校先进师生的优秀品质。

② 针对性，使德育实验研究富有"说服力"。德育工作必须针对青少年的心理特征、不同的兴趣爱好、不同的家庭背景、不同的成长环境，采取不同疏导方式。我们在德育实验中总结出五种疏导方法：说理、规劝、慰抚、感化、警示。

③ 情感性，使德育实验研究富有"感染力"。"感人者莫过于情"，情感是沟通心灵的桥梁。情感投入的核心是关心人、体贴人。对学生教育满腔热情、耐心引导，在学习上帮助，在生活上体贴，在思想上关怀，使他们真正获得老师的爱。

④ 趣味性，使德育实验研究富有"吸引力"。我们依据青少年好胜心强的心理特点，经常开展一些为他们所喜闻乐见的活动，如自护自救演讲、安全知识抢答赛、走进大自然、中英文诵读赛等，吸引大多数人的参与，从而进行广泛的德育教育。

⑤ 激励性，使德育实验研究富有"内驱力"。学校开展"优秀班集体"评比，制定学生一日生活行为规范，大队部每天有人监督检查，每周进行评比，各中队均制订出争章达标计划，按计划参与竞赛达标活动。

（3）德育途径多样化

社会主义市场经济条件下，小学德育途径的选择必须体现出生动活泼、灵活多样，不拘一格、讲究实效。为此，我们始终坚持德育实验的扩展性，注重德育途径的多样性，强化全方位育人，其具体做法如下。

① 建立爱国主义德育基地，列入教学计划统筹安排管理。

② 组织学生进行社会调查，到工厂、商店、农村，深入基层，参加实践，体验生活，陶冶情操，验证课堂上所学的知识。

③ 开展"手拉手"活动，培养学生助人为乐、关心他人的集体主义思想。

④ 过好"五节"：清明节、六一儿童节、教师节、十一国庆节、校园艺术节。为学生提供发挥兴趣和特长的机会，促进学生综合文化素质不断提高，增强学校的吸引力、感染力，给学生留下一个终生难忘的小学时代。

⑤ 强化《小学生守则》和《小学生日常行为规范》的落实，要求每个学生

不仅都能背诵，而且要能自觉遵守，对学生的品德有科学的评估体系，有周评、月评、期评和年度总评。

通过以上途径，学生遵纪守法，行为高雅，生活丰富多彩。

四、注重研究实效，收获丰硕成果

两年来，在"科研兴校"指导思想引领下，我们的课题研究开展得轰轰烈烈，学校也因此赢得了许多收获。

（1）在日常工作中，我们不断实践，不断总结，大大提高了学校整体办学质量和办学效益，取得了显著成效，学校少先大队被评为山东省烟台市优秀少先大队。

（2）和谐德育课题的实施，让家长走进了学校，让学校走向了社会，受到家长和社会的好评。我校被烟台市教育系统评为"树师表，立新风"先进集体；我校全体教师积极参加烟台市教育系统2010年德育教育论文评比，有6名教师获得一等奖，12名教师获得二等奖。

（3）我们在读书活动中表扬了一批读书明星，促使了读书活动持续开展；表彰了一批先进教师、优秀班主任、三好学生、文明学生、进步生、优秀少先队员和优秀执勤队员，树立师生典型，促进德育工作良好发展；学期末涌现了一批先进班级。

五、存在问题

（1）德育内容、方法单一。长期以来，教师习惯把道德教育当作一般的知识原理对学生加以灌输，忽视了思想道德教育丰富的内容，教育中有时重说教、轻实践，存在着一些教条主义和形式主义。

（2）活动缺乏创意、资料。德育离不开活动，尤其是对于小学生，如何根据他们的年龄和心理特点，结合本地本校实际，开展富有成效的、学生易于接受的活动，还有待进一步研究。德育活动要具有针对性、时代性、实效性。

六、下一步工作重点

（1）班主任工作要求真务实。要以《守则》《规范》为依据，结合班级实际，从小事抓起，用身边的事教育身边的人，重视学生良好行为习惯的养成教育，重视学生思想转化，加强与家长的联系和沟通；统一教育方法，争取家长、社会配合，形成教育合力。

（2）少先队要发挥组织功能，针对学生中普遍存在的问题，结合学生的年龄、心理特点，开展学生易于接受的种类活动，寓教育于活动之中。

（3）思品课要按照新课标的要求，避免课堂说教，避免贴标签式的渗透，要联系学生的生活实际，重实践、重体验，提高思品课质量。另外，要注意选择典型个案，撰写文章，向外投寄，争取发表。

（4）充分发挥校园环境的育人功能，努力创设宽松融洽的、积极向上的人文环境，使学生"亲其师，信其道"，同时要营造催人奋进的物态环境，达到"无声胜有声"的效果。

（5）重视活动过程的指导、督查，重视经验及资料的积累。

总之，开展"学校、社会、家庭三位一体德育教育效能的研究"任重而道远，未成年人道德建设的任务长期且艰巨，不能期望一蹴而就。我们要深入研究学校、社会、家庭三位一体德育的功能和特点，充分利用各种有利形势，克服不利因素，努力钻研，共同研究，进行大胆探索实践，争取早日探索出构建学校、家庭、社会三位一体育人新格局，促进未成年人思想道德建设沿着科学的轨道不断走向最佳途径！

"'双减'背景下优化初中作业设计提升学生核心素养的研究与实践"课题申请书

一、负责人和课题组主要成员近五年来主持的相关重要研究课题

表4-3-1为课题负责人和课题组主要成员近五年来主持的相关研究课题表。

表4-3-1

主持人	课题名称	课题类别	批准时间	批准单位	完成情况
宁彦来	新媒体背景下加强少先队建设，传承红色基因路径方式的研究	一般课题	2023.04	山东省少工委	已立项
宁彦来	关于学校家庭社区德育一体化的策略研究方案	一般课题	2008.05	烟台市教育科学规划办公室	已结题

注：此处只提供市级及以上的、与本课题相关的课题结题证书或证明。

二、课题设计论证

（一）选题依据

有关优化作业设计的理念和实践在国内外已有一定的基础。挪威教育家卡亚·达勒·尼赫斯提倡废除班级授课制，让每个学生各自学不同的教材，完成差异化作业。德国也提出了自由学习，学生有选择学习内容、学习速度、学习形式、学习地点、组织形式和接受帮助的自由。国内一线教师和教育工作者已开始研究如何提高学生作业实效性，也有教师开始探索通过差异化作业的实施，提高学生学习兴趣和培养学生能力，如李庚南《数学自学·议论·引导教学法》、舒艳云《初中语文课外作业差异化设计的实践与思考》、龚家鹏《初

中数学差异化教学中的有效作业设计研究》、李吉湖《基于初中生学习能力差异的作业设计与批改创新实践研究》、孙宏飞《浅谈初中数学作业差异性设计策略》、侯彩虹《初中语文差异性作业设计分析》等。本课题的研究，旨在为我校教师提供一种科学的、可操作的、有针对性的作业设计方式，唤醒学生学习的乐趣，激发学生参与课堂学习的热情，力争让每个学生在适合自己的作业中获得轻松、愉快、满足的心理体验，使学生成为学习的主人，自主地发现问题、探讨问题、研究问题，最终解决问题，提升核心素养，同时使教师专业素质能得到迅速提升，实现观念更新，改变教师主宰课堂的状况，改变教师在课堂上"满堂灌"的现状，真正做到"学生主体，教师主导"。这样的新型师生关系，必将给我校及兄弟学校的教育带来新的变化，注入新的活力，对全面提高学生的核心素养具有重要的现实意义。

（二）研究内容

1. 主要目标及总体研究框架

（1）通过研究，探索班级、学校学习环境下适应学生个性差异的作业设计原则、作业实施策略、对作业设计以及学生作业情况的有效评价方法，构建开放性作业有效设计的体系。

（2）通过研究，探索一套优化作业的方案，用集体教研的方式，对试题进行分类整合，用最少的作业达到最好的教学效果。

（3）通过研究，探索一套以游戏、实验、活动等学生喜欢的形式，将作业与学生的家庭生活、社会生活及其他各科的学习活动结合起来，并以多种有趣的方式呈现，充分调动学生做作业的积极性，让学生在完成作业的过程中享受到学习知识、运用知识的快乐，让学生会用智慧的眼光观察世界，会用跨学科的思维思考和解决身边的问题，在参与社会活动中积极地动手实践，提高学生的核心素养，促进不同起点的学生都能得到最优发展的策略。

（4）通过研究，教师树立因材施教的意识，掌握开放性作业的设计方法，提升有效课堂教学，建立一个创新作业分层的教学模式。

（5）初中作业现状调查及分析：调查教师对新课标和核心素养的学习情

况，调查教师对多样化的理解，调查教师作业布置、评价情况，调查学生对作业的态度，调查学生作业的完成情况，调查学生对作业的反馈情况。

2. 初中开放性作业设计的研究

根据学生身心发展、初中各学科的教学内容、学生认知水平、年龄特点，优化设计作业、推理作业、技能作业、自主探究作业、小组合作作业、跨学科实际应用作业、开放作业、操作作业、展示型作业、趣味作业等作业类型，丰富作业类型，提升学生完成作业的兴趣。

3. 研究班级学生，形成合理、合情的分层关系

研究班级学生，建立动态小组管理模式，形成合理、合情的分层关系，提升学生学习积极性，进取心，使得全班共同进步。

4. 研究灵活多样，科学有效的作业评价机制

形成作业批改、反馈机制，建立评比、展示平台，扭转统一、单一的机械作业重复机制，提升学生完成作业的积极性，从而提升学生学习能力及动手实践的应用能力。

5. 实践研究，反馈修改

形成合理的作业多样化的设计理论，科学的分层次作业方法理论。

（三）思路方法

1. 课题研究方法

行动研究法辅之以经验总结法、文献资料法和调查法。

围绕课题问题，在课题组内组织公开教学、集体备课、评课活动等。根据研究目标，做好问卷调查，对研究过程中涉及的各种问题作出精准的分析和小结。对本学科学生作跟踪研究，并写出研究报告。

重视资料积累，按研究内容写出总结。边实践边思考，及时总结，及时推广。研究过程中要对研究成果进行一定数量论文的撰写并及时发表。

2. 课题研究步骤

本课题拟用一年时间完成，即开题时间为 2023年6月，结题时间为2024年6月，共分为三个阶段。

（1）准备阶段（2023.6.1—2023.8.31）

① 确定课题。

② 组织调查，问卷检测、分析，制订实验研究方案。

③ 学习各种现代教学理论，学习领悟新课标和核心素养的精髓。

（2）实验阶段（2023.09—2024.06）

① 根据研究方案开展实验工作，开展课题实验研讨活动，探究其方法和途径，及时进行经验总结。

② 收集与本课题实验有关的各种资料。

第一步（2023.09—2023.10）：通过问卷调查，摸清我校学生的真实作业现状。

Ⅰ.制作"烟台市蓬莱区姚琪学校中学学生学习情况"学生调查问卷。

Ⅱ.制作"蓬莱区姚琪学校中学作业情况"教师调查问卷。

Ⅲ.对学生和教师的问卷情况进行分析。

Ⅳ.举办蓬莱区姚琪学校中学作业展，通过作业展览激励教师研究试题。

第二步（2023.10—2023.11）：立足校情，制订我校作业方案，文、理科作业分别以语文和物理学科为代表。

Ⅰ.研讨语文和物理学科作业方案。

Ⅱ.制订语文和物理学科作业方案。

第三步（2023.11—2023.12）：充分调研，了解作业方案执行情况。

Ⅰ.制作"蓬莱区姚琪学校中学学生作业现状"的调查问卷。

Ⅱ.对问卷进行分析，对现行作业方案进行研讨。

Ⅲ.撰写语文和物理学科作业现状的调查分析结果。

第四步（2024.01—2024.03）：反复论证，修订作业方案。

Ⅰ.召集各班学习委员座谈，了解教师作业布置和学生完成的真实情况。

Ⅱ.召集各班优等生5名座谈，听取学生的意见和建议。

Ⅲ.召集各班中等生5名座谈，听取学生的意见和建议。

Ⅳ.召集各班后进生5名座谈，听取学生的意见和建议。

Ⅴ.召集教师座谈，听取教师的意见和建议。

Ⅵ. 分析现行作业方案存在的不足和修改的方向。

第五步（2024.03—2024.04）： 修改完善，形成富有特色的作业方案。

第六步（2024.05—2024.06）： 实验总结，形成最终的作业方案。

（3）总结阶段（2024.06—2027.07）

整理实验资料，对阶段性成果及实验效果进行汇总，撰写实验报告和论文，并填写上传山东省教育教学研究课题结题申请表和相关的研究成果，及时联系指导专家获取指导意见，保证课题研究符合结题要求。

（四）创新之处

站在提高学生核心素养的角度，通过研究让每一位教师掌握减少和优化作业的方法，为学生提供他们在情感、审美、需求上能接受的提高教学效率的好的作业。

（五）预期成果

教师深入研究本学科课程标准，更新理念，建立新的课程观和作业观。在作业设计中融入情趣，激发学生的探求欲。在作业设计中立足培养学生的能力，发掘新的作业形式，引发学生的探究性思考。在作业评价中加强师生的交流互动，营造宽松、平和的交流氛围；培养学生的良好作业习惯，促进其学习持续发展。作业设计还要能为学生创设情境，激发个人思维和想象空间。通过开展访谈、调研、创作、动手实践等综合性活动提升学生的学科素养。

三、研究基础和条件保障

（一）学术简历

课题负责人宁老师多年来坚持用最少、最有趣、最能让学生动手的作业，取得了全市瞩目的优异成绩。他多年来坚持让学生写物理观察日记，并撰写了《用日记架起课堂与生活的桥梁》发表在《中国教育报》上。

（二）研究基础

我校教师在《中国教育报》发表《用日记架起课堂与生活的桥梁》文章，阐述通过优化作业减轻学生的作业负担，提高学生的核心素养。这项课题研究也是社会和家长特别需要的。

（三）承担项目

课题负责人宁老师作为烟台名师特别关注学生的健康成长和核心素养的提高，他参与的烟台市"十三五"规划课题"关于学校家庭社区德育一体化的策略研究"已经顺利结题；2023年参与山东省少先队课题"新媒体背景下加强少先队建设，传承红色基因路径方式的研究"；在2023年5月20日，宁老师推荐的视频在《中国少年报》和《中国红领巾》两个国家级媒体上发表。

（四）条件保障

（1）时间。为了确保课题的顺利开展，课题负责人组织小组成员对课题研究周期及每个阶段需要完成的工作量进行了规定，尤其将每一项工作进行细分，确保责任到人。明确要求小组成员每周进行课题研究进展的汇报，主要对工作完成情况、遇到的问题及改进方案方面进行汇报，这为课题的顺利开展提供了充分的时间保证。

（2）资料、设备等保障。学校十分重视教育科研工作，为参与课题研究的教师订阅了各种专业的杂志，如《中国教育报》《人民教育》等，还定期购置书籍。学校各类多媒体资源丰富，教师也具备较高的人文素养。学校各个办公室均配备了台式电脑以及笔记本电脑，方便教师查阅资料及教学，课题组成员均能熟练应用电脑。校园网遍布学校每个角落，信息技术设施和设备得到进一步安排和完善，为课题实施阶段的实践研究提供了保障。课题组教师建立了微信和钉钉群，方便教师间进行资料及经验的交流和讨论，有效促进课题研究的顺利开展。

四、预期研究成果

表4-3-2为课题预期研究成果表。

表4-3-2

序号	完成时间	最终成果名称	成果形式	负责人
1	2024.04	"双减"背景下优化初中作业设计提升学生核心素养的研究与实践研究报告	研究报告	王桂萍

续 表

序号	完成时间	最终成果名称	成果形式	负责人
2	2024.05	"双减"背景下优化初中作业设计提升学生核心素养的研究与实践经验总结	经验总结	孙永健
3	2024.06	"双减"背景下优化初中作业设计提升学生核心素养的研究与实践论文	国家级论文	宁彦来
4	2024.06	"双减"背景下优化初中作业设计提升学生核心素养的研究与实践成果推荐会	成果推荐会	宁彦来

五、参考文献

［1］教育部. 全日制义务教育物理课程标准（实验稿）［M］. 北京：北京师范大学出版社，2001.

［2］教育部基础教育司. 全日制义务教育语文课程标准解读［M］. 武汉：湖北教育出版社，2002.

［3］林崇德. 小学数学教学心理学［M］. 北京：北京教育出版社，2000.

［4］姚利民. 有效的家庭作业策略 ［J］. 湖南师范大学教育科学学报，2003（6）：47–52.

［5］朱仲敏. 美国中小学家庭作业目的定位研究［J］. 外国中小学教育，2003（3）：37–39.

"'由数汲理·化知为行'的主题活动课程

开发研究"课题申请书

一、本课题提出的背景与所要解决的主要问题

（一）本课题提出的背景

党的十八大明确提出：把立德树人作为教育的根本任务，培养德智体美劳

全面发展的社会主义建设者和接班人。再加上立德树人、培育和践行社会主义核心价值观给学校德育工作提出了新的任务和要求，这就需要我们更新观念、积极应对。"由数汲理·化知为行"德育方法展示了一种新的德育思路和范式，旨在通过挖掘和整理各种价值观背后的数据和道理，提高教育说服力。把德育和数理、学科教育融为一体，开创"全环境立德树人"新路径。为更好适应时代要求，创新青少年德育教育模式，我们提出了本课题研究。

（二）所要解决的主要问题

（1）以课题为载体，把"数育法"理解透彻，丰富学校德育方法体系，改变"学生被德育"局面，使学校德育走出"感性有余、理性不足"的困境，让"数育法"切切实实为育人助力。

（2）进行主题活动课程开发，通过数理融入，使学校德育更实在、具体、生动。在学科教学中通过把各科特有的、内在的数理规则和范式融入生活实际，展示学科教学应有的人文意蕴和存在价值，真正实现"全环境立德树人"。

二、国内外、市内外相关领域的研究现状与趋势，本课题研究的创新点或突破点

（一）国内、市内相关领域的研究现状与趋势

"由数汲理·化知为行"德育方法是在"德融数理·知行合一"德育模式理论的移植实践中创立的新德育方法。"德融数理·知行合一"德育模式是由山东省社会科学联合会副主席林建宁先生首创，经过不断完善，现已成为一种较为成熟的德育模式。依托"德融数理·知行合一"德育模式编辑出版的"文明基因·孝诚爱"系列丛书，自2014年开始，已被山东烟台、淄博、日照、潍坊等地区的中小学校引入思品课、综合实践课、主题班会等课堂，取得了良好效果。烟台市教育局开发区分局在全区倾力推进"德融数理·知行合一"德育新模式的全学科实践，锻造了社会和业内均高度认可的育人品牌。

（二）本课题研究的创新点和突破点

（1）本课题将立足学校实际，创造性地进行"由数汲理·化知为行"主题

活动课程的开发，让"数育法"进课程、入课堂，在打通思政类和实践活动类课程的基础上，打通一般学科课程的应用之路，为实现"全环境立德树人"开辟新路径。

（2）充分发挥教研组、备课组两级教研力量，以课题为载体，领悟理念，实践应用，让学校的立德树人实践具力道、有深度、见效果。

三、本课题研究的理论价值与实践意义

（一）理论价值

"由数汲理·化知为行"德育方法是2022年以来，在市教育局和教科院指导下，经过教改项目"课程思政格局下学校德育方法的创新实践"提炼，形成的具有普遍应用价值的理论与实践体系。本课题研究可以构建以社会主义核心价值观为引领的大中小幼一体化德育体系，创新青少年德育方法。

（二）实践意义

（1）对学生来说：让学生进入真实情境，将德育教学融入知识教学中，引发学生探究兴趣，调动学生探究积极性、主动性。在课题研究过程中，整合多学科知识，打破学科壁垒，促其形成更完整的知识体系，提升学生的德育素养，促其终身发展。

（2）对教师来说：对教师的专业能力要求较高。教师需对生活中真实情境进行设计，分析具体数据，提升德育教育能力，让道德教育更具说服力。

四、本课题研究的主要目标、具体内容、方法步骤、工作进程、预期成果及形式

（一）主要目标

1. 促进学生道德成长

以立德树人为根本任务，遵循各学科基本规律和学生成长成才规律，通过主题活动课程，借助来源于真实生活、蕴含于事实、能触发情思的数据，有针对性地分析解读，催生学生的价值思考、道德对话，引导他们澄清价值观念、

建立道德认知，并逐渐内化，推动学生提高个体道德判断力和行动力，完成价值观和人生观培育的追问、判断和践行。

2. 促进教师专业发展

通过课程开发，强化教师课程开发意识，提升教研能力，带动教学样态改变，培养一批复合型、研究型教师，提升立德树人的育人效果。

3. 形成学校德育特色

以我校"生动德育"品牌理念为抓手，通过开发科学性和操作性较强的活动课程，结合"由数汲理·化知为行"教育方法，丰富德育内容，拓展育人途径。整合校内、外资源，开发一套具有姚琪特色的主题活动课程，贯彻立德树人、德育一体化精神，构建特色"数育教育"课程体系，为中小学校相关主题活动课程开发提供经验借鉴和理论支持。

（二）具体内容

采用自上而下的"整体规划—分类实施—提炼综合—汇报展示—拓展推广"的思路进行研究。我们预设以思政类课程为主体，以实践活动类课程和一般学科类课程为两翼，以"为了学生快乐成长，为了教师幸福成长，为了学校和谐发展"三为为目标育人框架，秉承"全科德育、全程德育和全员德育"教育理念，开发创建"三类九课"数育教育活动课程体系。以课题为载体，通过应用性研究，把德育和数理、学科教育有机融合，为课程育人助力。

1. 以思政类课程为载体

通过开展主题班会、道德与法治课、传统文化课，践行我校"生动德育"办学理念，开发"育心立德教育课程""榜样引领示范课程""养正践行成长课程"，更好地渗透德育教育。

通过有针对性的主题活动，倡导以包含数据的事实信息为触发点，引发学生思考。先通过理论讲解育心立德，再通过榜样引领示范，最后落实到具体行动中。强调"化知为行"，把"数理"的纯形式展示有效运用于"道德"意义的学习和生活中，让学生经历价值追问—澄清、认同—内化、践行—外化的全过程，让文明基因烙印于心，有效指引他们的"行"。

2. 以一般学科类课程为切入点

将"由数汲理·化知为行"教育理念有效融于课堂教学，以学科课程为切入点开发两类主题活动课程：一类是以数学、物理、化学和生物学等学科为主的自然学科课程，一类是以语文、历史和政治等学科为主的人文学科课程。倡导以包含数据的学科知识为触点，引导学生运用学科思维，在解构学科知识过程中悟理、寻道、释放德。构建有特色的学科主题活动课程体系，达到全科德育、全程德育和全员德育教育境界，实现各学科有效整合，让德育学习效能达到最佳。

3. 以实践活动类课程为依托

立足学生终身发展，深耕育人土壤，开发"快乐艺体润心课程""巧手劳动砺行课程""多彩实践提升课程"，实现全程育人、全域育人。

以校园艺术节、体育节、快乐大课间等为载体，提高艺体活动育人实效。借助校内综合实践基地，培养学生劳动观念和动手实践能力，促进学生化知为行。借助社会实践活动，引导学生在考察探究、社会服务、设计制作、职业体验过程中，由数汲理、循数悟道。

通过课题研究，探索各学科中"由数汲理·化知为行"的德育渗透点，提升"数育法"教育教学观点，推动"德育示范校"建设，打造"生动德育"优秀示范校品牌，努力将这一教育理念推广至全区。

"由数汲理·化知为行"的主题活动课程体系见图4-4-1。

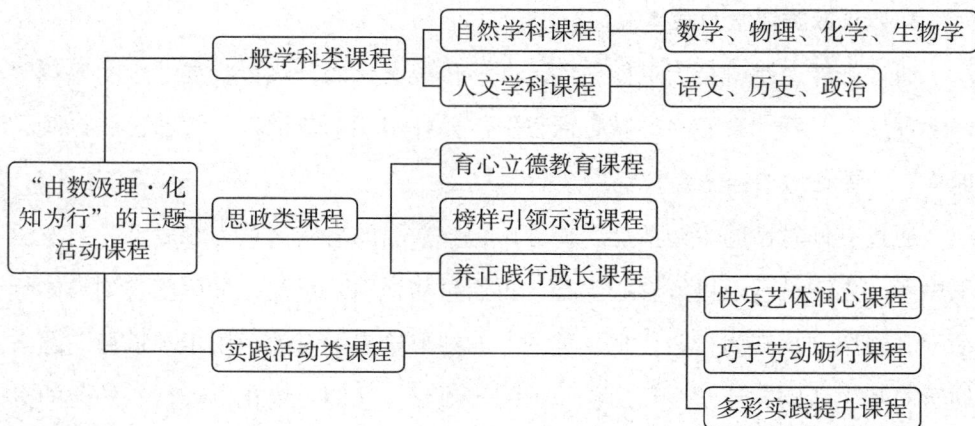

图4-4-1

（三）方法步骤

1. 专家引领

采取"走出去""请进来"的办法，观摩、学习，借鉴先行区市的先进经验；依托各级各类培训，邀请专家指导示范，进行专业引领。认真学习知名专家的理论，借力省时，让本课题更高效地在实践中得到有效运用。

2. 示范带动

积累经验，边实践边总结，遴选实验典型，建设本校的实验基地（以级部为单位）；抓实集体备课、课堂教学和活动课程开发三个环节，组织骨干教师听评课，发挥示范辐射作用。

3. 活动落实

通过对主题活动课程的开发、实践、反思，掌握"由数汲理·化知为行"主题活动课程开发研究过程中重点部分的"三阶段六步骤"活动逻辑和活动要求。"三阶段"指学生由开始的价值追问，到实施过程中的价值判断，再到行动中的价值践行；"六步骤"指最初触景生情，然后引发思考，追寻求数，由数据汇总分析其中蕴含的"理"，最后由理启智，由智引行。聚焦德育教育，建立多维、融合、精准德育教育模式，将德育教育生活化、科学化。在活动课程中融入数理教育，实现青少年德育理念和模式的转变和创新。

4. 活动促进

课题组成员充分发挥各级部、各教研组团队力量，通过理论学习、活动教研、课程开发、分享交流、座谈等活动营造浓厚的学习、研究氛围；积极开展级部间互动交流、学科间联合教研，推动课题开发研究活动走向深入。

5. 评价保障

一是将课题组成员参与本次主题活动课程开发情况纳入个人考核，如在校级学科大比武活动中融入"由数汲理·化知为行"德育渗透量化评分标准。二是开展阶段性成果评估、交流，发现问题，总结经验，弥补不足，提升课题开发研究效果。

（四）工作进程

1. 课题启动构建阶段（2023年11月—2023年12月）

（1）学校课题组相关科室下发《关于组织申报烟台市教育科学"十四五"规划2023年度课题的通知》《烟台市教育科学研究院关于印发〈关于加强"由数汲理·化知为行"德育方法应用性研究的指导意见〉的通知》。

（2）成立课题小组，召开会议，组织学习相关理论。

（3）校领导牵头，主持人具体实施，组织课题组教师逐条解读《关于加强"由数汲理·化知为行"德育方法应用性研究的指导意见》。

（4）采取集中培训和分散学习相结合的方式，针对此次课题相关内容开展深入探究，了解此课题在其他区市的开展情况及所取得的实验效果。

（5）制订并上报课题申请书，等待相关部门审核。

2. 课题开发推进阶段（2024年1月—2024年8月）

（1）课题组成员依据所任学科，结合具体学情，开发主题活动课程。通过活动课展示，学科组长跟进指导，让课程开发更具可行性，达到有效育人效果。

（2）邀请专家团队和骨干教师进行第二次集中培训。

（3）开发"由数汲理·化知为行"活动课程专项比赛，促进研究转型。整理课例，形成《"由数汲理·化知为行"的主题活动课例汇编》。

（4）课题主持人撰写《"数育法"进课程 为课程育人助力》论文。

3. 课题深化研究阶段（2024年9月—2024年12月）

（1）课题组教师进行活动课程开发初步成果交流。

（2）开家长会，向家长展示主题活动课程开发成果，宣传开发价值，取得家长支持，让德育教育更深入。

（3）课题组成员展示交流，进行阶段性汇报，形成《"由数汲理·化知为行"的主题活动课程开发研究》中期报告。

（4）开展座谈，为下一步课题研究做好充分准备。

4. 课题成果汇总阶段（2025年1月—2025年7月）

（1）课题组成员针对课题开展和实施情况进行汇报交流。

（2）学校教科研办公室针对前期课题具体活动开展情况进行成果评估。

（3）组织优秀课题成员评选。

5. 课题总结阶段（2025年8月—2025年12月）

（1）汇总前期主题活动课程开发的所有成果。

（2）召开研讨会，做好结题前的工作部署。

（3）完成《"由数汲理·化知为行"的主题活动课程开发研究》结题报告，以及其他结题工作相关任务。

（五）预期成果及形式

（1）本课题研究过程中相应阶段的研究报告：中期报告、结题报告、个案研究报告及课题组成员相关研究论文和感悟。

（2）形成比较成熟的主题活动课堂教学模式，整理汇编课程开发课例，形成资源包。

（3）提升学生道德认知力、判断力和行动力；提高参与课题教师的课程开发能力及科研能力；借助多年级多学科活动课程创设，打造我校独具特色的"由数汲理·化知为行"主题活动课程开发教研文化。

五、完成本课题研究的有利条件

（一）主要参与者的学术背景和研究经验、组成结构

参加本课题研究的是我校中小学各科骨干教师，对"由数汲理·化知为行"有深刻的理解，对本课题研究有浓厚兴趣。课题主持人于萍老师曾多次参加国家、省、市、区级课题研究，主持过市、区级课题，均已顺利结题。以上为课题的深入研究奠定了坚实基础。

（二）完成课题研究的保障条件

1. 时间保障

课题研究主要负责人结合课题研究任务与每个课题成员特点，提前制订合理的研究计划和激励政策，充分调动课题成员积极性。课题研究小组会定期组织研讨会，将研究中存在的问题及时分析，提出相应解决策略，保证课题研究按时完成。

2. 研究能力保障

课题组成员长期扎根教学一线，积累了大量的理论和实践经验，专业素质较强，具有良好教学素养，具有一定的教育教学科研理论和开展教科研的能力，为课题开展打下坚实基础。

3. 组织保障

局领导对课题研究十分重视，校领导发动骨干教师和青年教师，积极投身到课题研究中，创建课题教研群，从各方面提供政策支持和培训支持，为课题教师学习、交流、总结、提高，提供优越条件，为课题的顺利开展铺路搭桥，为本次课题研究工作提供了有力的保障和支持。

"基于'互联网+项目化学习'的作业
设计创新的研究"课题申请书

一、课题设计论证

（一）本课题提出的背景和要解决的主要问题

（1）作业是帮助学生掌握知识，解决实际问题的一种有效的手段，具有培养学生创造性思维能力的潜在功能。有效作业的布置不仅是检测教学效果的一种重要手段，还能对学生的学习起到一个导向作用。符合新课标理念的作业，能引导学生关注生活，积极地学，灵活地学，有助于培养学生的核心素养。

（2）传统的作业设计在考查学生基础知识、基本技能方面有一定的优势。

但它对学生今后的成长却是极为不利的，如果不加以改变必将使作业陷入机械重复的误区。学生终日陷于"题海"之中，苦不堪言，身心的发展也必将因此受到抑制。

（3）许多教师都意识到作业是课程改革的重要载体，但在具体的操作过程中仍存在着不少障碍。让学生经历有意义的实践过程是项目化学习的重要准则。生活情境下的实践活动是学习的重要补充。让学生走进真实的生活，参与一些融入知识的有意义的实践活动，有利于学生沟通能力、生活能力的提升，对于学生健康和谐的整体发展具有重要作用。基于项目化学习的创新作业研究强调在真实情境中，设计具有吸引力的问题或挑战，以项目化小组的形式进行研究，运用各种工具和资源促成问题解决，最终产生可以公开发表的成果。

（4）我们的设计理念是"以任务为导向，以项目学习为载体，整合学习情境、学习内容、学习方法和学习资源，引导学生在运用知识的过程中提升核心素养""加强课程实施的整合，通过主题阅读、专题学习、项目学习等方式，实现知识与能力，过程与方法，情感、态度与价值观的整合，整体提升学生的核心素养"。因此，优化创新项目化学习作业在新课标的要求下得以强化和推动，成为落实核心素养的有效路径。

（二）研究现状

1. 国内方面

国内对于项目化学习作业创新设计的研究日趋深入，二期课改的新教材中相当重视作业的内容，注意作业设计的趣味性和人文色彩，还加强了感悟、积累、实践，关注学生的经验世界、想象世界和学生的生活。此外，近几年的好多教学类刊物上也刊登了大量关于项目化作业设计方面的文章。这些都为本课题组进行课题研究提供了借鉴的条件。

2. 国外方面

对于学生项目化作业的创新设计，国外的教育家们早已摆脱课本的约束、课文的限制，大多采用开放式的、综合性的作业，教师通过上网、上图书馆查阅资料、与同事相互合作来完成某一专题研究。这也为本课题进行课题实验开了先河。

（三）研究意义与目标

新课程标准中指出："课程必须根据学生身心发展和学习的特点，关注学生的个体差异和不同的学习需求，爱护学生的好奇心、求知欲，充分激发学生的主动意识和进取精神，倡导自主、合作、探究的学习方式。"

而该课题的研究，有利于学生良好习惯的养成和核心素养的提高；有助于学生把知识转化为能力；有助于学生创新精神、创造能力及独立人格的培养；同时有利于提高教师的理论素养和丰富他们的教学实践经验，使教师对新课改视眼下作业优化创新设计有一个全新的认识。

（四）研究具体内容

通过创新设计项目化作业，学生要在一段时间内通过研究并解决一个真实的、有吸引力的和复杂的问题、课题或挑战，形成对重要知识和关键能力的理解。也就是说，给学生创设以学生的学为中心，以基于真实情境和问题的项目为载体，以知识建构、问题解决、成果呈现为目的的课堂。在项目化学习中，结合核心概念，创设真实情境，设计基于项目化学习的跨学科作业设计。

具体内容如下。

其一，学习目标方面，整合各学科教材单元教学目标，设置"项目化学习大任务"。为建构一个科学、完整的课程作业体系，我们注重国家课程中各学科教材内容的融合，地方课程、校本课程中的环境教育、安全教育等内容的融合，走课程整合之路。所谓课程整合，是将两种或两种以上课程融合成一门课程。整合后的课程称为主题课程。基于此，教师调整理念，改变以往"一刀切"的教学方法，整合各学科教材单元教学目标，设置"项目化学习大任务"，形成主题任务，用一个大的主题情境贯穿，使题目结构化，具有整体性、趣味性、延续性。通过这种多元化的、可选择性的项目达到既促进所有学生的基础性发展，又满足学生个性化需求的目的。

其二，学习内容方面，结合相关教学内容，促进"任务融通"。科学有效地融合德育、体育、美育，引导学生多开展一些实践、科技、家务劳动等体验活动，这并不是权宜之计，而是让学习回归本真，积极走进生活、融入生活，促进学生身心健康、全面发展的必然结果。"双减"背景下，在学习内容上，我们布置弹性和个性化作业，并结合学生的生活实际与真实需要创设真实的情境，促进学生高质量完成作业。

其三，学习方式方面，建构多种类型，打造"菜单式项目化学习"。学校构建了不同类型的菜单式教学方式，努力把学生被动的学习模式变成主动的自选模式，充分体现出作业的趣味性、梯度性、实效性，给每一个学生提供思考、创造、表现和成功的机会。根据学生身心发展、初中各学科的教学内容、学生认知水平、年龄特点等优化设计学习方式，开展自主探究式学习、小组合作学习、跨学科实际应用学习，提升学生学习和参与的兴趣。在现实生活中，很多教师都是把学生手里的参考资料作为教学参考的唯一依据，因为这样教师和学生都省心省力，但实际效果并不理想，资料中的很多知识点是固化的，缺少了浓浓的生活味道。因此我们通过集体备课的方式，精心设计每一个项目，把每天晚上的作业时间努力压缩到原来的一半，作业少了，但是学生参与的积极性和学习效率提高了。

为了全面提高学生的核心素养，我们尝试着把知识融入学生的动手实践活动中，如：让学生利用八宝粥罐、橡皮筋、重螺母、锥子、竹签、长木板等制作"自动爬坡机"，利用饮料吸管动手制作音调可变的哨子，阅读自己喜欢的书籍做最美朗读者。在活动中，学生完成了知识从感性到理性的内化过程。

其四，在作业管理方面，减轻学生过多作业负担，理顺管理程序。我们一直重视作业管理流程体系化建设，将学生评价、教师评价及学生对作业的建议等都纳入作业管理的每一个环节。通过"梳理内容、合力审核、控制量化、实效评价"实现作业管理一体化。在备课中梳理作业内容，达成优化设计，经过备课组教师的集体研讨和领导的检查、确认、审核，确认作业设计内容，严格把控好作业量，确保每一道题的设计都是精心挑选、精心安排、精良选材，每一道题的设计都是有目的和有针对性的。作业评价方面，凸显多元方式评价，提高"兴趣点"。我们以多元评价替代了以往结论性的分数、等级制，不再只关注分数和结果，单一地只看数字、对错，而是采用更多开放性、实践性的评价方式，侧重关注学生能力、生长点的提升。在具体的实施过程中，我们打算通过以下方式进行：一是通过"激趣"进行作业评价。针对学生的年龄特点，在评价方式上推陈出新，课前三分钟的展示和线上展示，是学生非常喜欢的方式，在同学或者朋友圈中被大家认可，成了他们积极参与项目化学习的一个重要因素。为了鼓励学生完成周期性较长的作业，我们尝试积累"成长的小脚印"，通过奖励数量的积累，让学生从中感受"不积跬步，无以至千里"的道理。同时，我们增加对观察、实践、调查、探究等行为的积极评价。二是挖掘"思路"促进评价实效。注重从结论性评价向发展性评价转变，通过"你是如何思考的？""你想怎样来解决？"等问题，帮助学生梳理思路，找到问题的"关键点"。同时，在题目设计上，我们不拘泥于一种形式，让学生能够"举一反三"。

从作业创新的改变，让学生真正爱上学习，有效抑制了学生的两极分化。

实践研究，反馈修改。形成合理的项目化学习作业设计理论、合理的方法理论和对核心素养的深度学习，让学困生也体验到学习和实践的快乐。

（五）思路方法

1.课题研究方法

行动研究法辅之以经验总结法、文献资料法和调查法。围绕课题，在课题组内组织集体研讨、晒项目化学习的教学设计和作业设计等。根据研究目标，做好调查问卷，对研究过程中涉及的各种问题作出精准的分析和小结。对本学科学生作跟踪研究，并写出研究报告。重视资料积累，按研究内容写出总结。边实践边思考，及时总结，及时推广。研究过程中要对研究成果撰写一定数量论文的并及时发表。

（1）查漏补缺式学习心得。根据个人的知识结构水平与课题研究的需要，针对个人的不足进行针对性的学习与培训，以自学与集体培训的形式相结合。

（2）知识系统性培训，主要针对新课程标准和核心素养的理论学习培训。一方面，学校尽最大的能力购买课题研究中所需要的相关书籍，同时每一个课题参与者主动通过查阅网络、报刊等形式，收集学习资料进行自学并做好业务笔记，写心得体会在集体研讨中相互交流、讨论，实现智慧的碰撞和共享。

（3）在研究前、后采用问卷、谈话等方法进行调查，为课题提供科学依据。

（4）收集和查阅有关的文献资料，为课题研究提供科学的论证资料与研究方法，对优化项目化学习的主题设计的内容与方法进行挖掘、分析与归类。

（5）查阅学生的项目化作业，从学生的作业当中发现有价值的信息，总结哪些方式对学生有利。

（6）研究过程中不断进行总结，发现不利于学生学习的一些做法及时改正，同时对好的做法进行大面积推广。

2. 课题研究步骤

本课题拟用两年时间完成，即开题时间为2024年5月，结题时间为2026年6月，共分为三个阶段。

（1）准备阶段（2024.05—2024.06）

① 确定课题。

② 组织调查、问卷检测、分析，制订实验研究方案。

③ 学习各种现代教学理论，学习领悟新课标和核心素养的精髓。

（2）实验阶段（2024.06—2025.11）

① 根据研究方案开展实验工作，开展课题实验研讨活动，探究其方法和途径，及时进行经验总结。

② 收集与本课题实验有关的各种资料。

第一步（2024.06—2024.07）：问卷调查，摸清我校学生的真实作业现状，调查学生对项目化作业的认知程度。

Ⅰ. 制作"××××学校中学生学习情况"学生调查问卷。

Ⅱ. 对学生学习意愿情况进行分析，制作"××××学校中学生学习意愿情况"教师调查问卷。

Ⅲ. 对学生和教师的问卷情况进行分析。

Ⅳ.举办××××学校项目化主题设计和学生项目化作业展（线上和线下同步进行），通过展览激励教师研究试题，同时为教师提高一个互相学习交流的平台。在展示阶段，学生各小组可以用多种形式（如视频或口述）展示项目成果，这样小组之间可以相互分享、学习和借鉴。组长负责项目成果整体介绍，小组成员陈述自己所负责的那部分内容，以确保每个成员都有发言的机会，让学生获得成就感和自信心。教师主要以鼓励的形式进行评价，对学生在展示的过程中予以积极的反馈。

第二步（2024.08—2024.12）：立足校情，制订我校项目化学习的方案，文、理科作业分别以语文、数学和物理学科为代表

Ⅰ.研讨语文、数学和物理学科项目化学习方案。

Ⅱ.制订语文、数学和物理学科项目化学习方案。

第三步（2025.06—2025.12）：进行项目化学习的主题设计实践，在实践中不断反思改进，在2025年12月充分调研，了解以项目化学习作业创新设计的研究执行情况。

Ⅰ.制作"××××学校中学学困生成绩是否进步"的调查问卷。

Ⅱ.对问卷进行分析，对现行项目化作业方案进行研讨。

Ⅲ.撰写语文、数学和物理学科项目化学习作业创新现状的调查分析。

第四步（2026.01—2026.03）：反复论证，修订项目化学习抑制学生两极分化的研究方案，继续进行实践。

Ⅰ.召集各班学习委员座谈，了解教师项目化作业创新现状和学生是否取得进步的真实情况。

Ⅱ.召集各班优等生5名座谈，听取学生的意见和建议。

Ⅲ.召集各班中等生5名座谈，听取学生的意见和建议。

Ⅳ.召集各班后进生5名座谈，听取学生的意见和建议。

Ⅴ.召集教师座谈，听取老师的意见和建议。

Ⅵ.分析现行项目化学习作业创新现状的研究方案存在的不足和修改的方向。

第五步（2026.03—2026.04）：举行研讨会，修改完善，形成富有特色的项目化学习作业创新的方案。

第六步（2026.04—2026.05）：实验总结，形成最终的项目化学习作业创新现状的方案。

（3）总结阶段（2026.05—2026.06）

整理实验资料，对阶段性成果及实验效果进行汇总，撰写研究报告和论文，并填写上传课题结题申请表和相关的研究成果，及时联系指导专家获取指导意见，保证课题研究符合结题要求。

（六）创新之处

理念：站在提高学生核心素养的角度，通过研究让每一位教师掌握通过创新项目化学习作业的方法，为学生提供他们在情感、审美、需求上能接受的提高教学效率的好的项目化学习方式。①本课题在承认学生存在个体差异的基础上，为全体学生提供了适合各自发展的教育途径，体现了教育的平等性，增强了教育的针对性。②根据学科特点，优化作业设计，布置项目化作业，提出不同的评价标准，有利于教师更好地理解新课程标准，坚持确立"以人为本""全面提高学生核心素养"的教育思想。

实施方案：①改变传统的以讲授为主的教学方式，采用项目化学习的方式，让学生置身真实的生活情境和实践中，促进学生"主动"学习，提高学生的学习兴趣。②对学生分层的动态把握，能激励学生不断进步。③形成一套最优化项目化作业的设计体系，实现学生共同进步的目的。

（七）预期成果

在课题研究过程中我们以新课程标准和核心素养为依据，确立以学生为本、新颖有趣、面向全体、学以致用的教学观，不断关注，不断探索。在教学中，教师要基于学情、兴趣为先、素养为旨，全面开展项目化学习作业的设计，充分发挥项目化学习的全面育人、全方位育人、全过程育人的教育功能。通过调研发现，目前初中学科教学中，教师比较重视基础知识的识记巩固，读、背、抄、写等机械性学习较多，导致一部分学生厌学，班级中出现了两极分化的现象，给教师、家长甚至社会带来了不利的影响。很多教师在教学中对知识实际运用方面的设计还不足，一些内容利用现成的教辅资料，形式单一，着眼学生思维及能力培养的创新性设计较少。教学和新课程标准呼应的意识不足，因而教学设计的针对性不强。教学方式单一的现象较为普遍，有些教学设计过于随意，缺乏精心设计。尤其是毕业年级，围绕考试开展教学，教学缺乏灵活性和创意，缺乏实践性和跨学科的理念，不利于培养学生动手和应用知识的能力。因此，越到高年级，学生两极分化的现象越严重。因此我们必须反思自己的教学行为，努力改进方法。

通过实践，我们力求达到以下预期成果。

（1）开展优化项目化作业设计，促进教师教学观念的转变。通过优化项目化作业设计的研究，再次唤醒教师要"因材施教"，要突出学生的主体地位，教学要面向全体学生。让参与课题的教师通过学习新的教学理论，改变原有的教学观念，用教学观念的改变促进教学方式、教学手段的改变。把学生推到舞台的正中央，让学生有机会尽情发挥自己的水平，让学生在教师的指导下和与同学的相互学习中展示出一个最好的自我。进一步发挥激励机制在组织教学中的作用，让教师树立"要把赞美送给每一位学生"的意识，让教师变得更加和善、更加亲近，让师生关系更加融洽。

（2）积累一套实用的优化项目化作业设计实验，促进一批年轻教师沿着科研的道路成长。开展课题研究，让他们在研究中发挥自己的才智，使他们真正感受到教育科研的作用，有了从事教研的动力，就会有一定的成就感。在课题研究过程中的研讨、项目化教学设计比赛活动、论文评比活动，给了年轻教师施展自己才华的最好舞台，多种形式的研讨活动为他们提供最好的学习和提高的机会。

（3）构建比较完善的优化项目化教学设计的模式，在更多的学校推广。

①"因材施教"进行项目化主题内容的设计。

A类设计是"模仿性项目化教学设计"。这类设计一般是课堂上学的概念、法则、定理等知识的直接应用，让学生通过复习回顾教材有关内容而找到答案，因而是较简单的层次。

B类设计是"理解性项目化设计"。这类设计一般要求学生在理解知识的基础上，能对知识进行一定的"再加工"。

C类设计是"探究性项目化设计"。这类设计一般要求学生能对所学知识进行"深加工"，有很好的综合能力，训练学生思维的灵活性和独创性。

教师在实践过程中首先要做到精心设计项目化教学方式。根据目标层次和学生层次，制订对应的项目化学习方案，使教学设计置于各种层次学生的最近发展区。

②对学生的项目化作业进行积极的展示。

通过线上和线下的经常展示，给学生精神上的不断激励，让后进生得到积极的心理暗示。

（4）通过优化项目化的作业设计，改变学生的学习方式，让学生善学、会学，全面提高核心素养。

①学生成为学习的主人，学习兴趣逐渐增强。

②学生的学习成绩明显提高，班级巩固率明显增强，学生两极分化的现象基本得到解决，学生的核心素养得到明显提高。

③学生的自信心、进取意识、心理素质、语言表达能力、交际能力、与人合作意识、动手实践的能力等越来越高。

（5）促进学困生的转变。实施优化项目化作业设计，让更多的学困生主动地参与到教学活动中来。让他们重新找回学习的信心，让他们拥有适宜于自己的学习目标，也拥有老师的笑脸和由衷的表扬，在扶助自己前行的老师和同学的帮助下，拥有了良好的、适合于自己的学习环境。

（6）用任务驱动的方式，促进教师深入研究本学科课程标准，更新理念，建立新的课程观和作业观。用新的理念发掘新的教学方式，在项目化学习的过程中加强师生的交流互动，营造宽松、平和的交流氛围，促进学生学习持续发展，激发其个人思维和想象空间，提升学生的学科素养。

二、负责人和课题组主要成员近五年来主持的相关研究课题

课题负责人和课题组主要成员近五年来主持的相关研究课题表见表4-5-1。

表4-5-1

主持人	课题名称	课题类别	批准时间	批准单位	完成情况
宁彦来	关于学校家庭社区德育一体化的策略研究方案	专项课题	2018.04	烟台市教育科学规划办公室	结题

三、预期研究成果

以下为课题预期研究成果表（表4-5-2）。

表4-5-2

序号	完成时间	最终成果名称	成果形式	负责人
1	2026.01	以项目化学习的方式优化初中作业设计提升核心素养的研究报告	研究报告	杨鹏
2	2026.02	以项目化学习的方式优化初中作业设计提升核心素养研究与实践经验总结	经验总结	陈乐兴
3	2026.03	以项目化学习的方式优化初中作业设计提升核心素养研究与实践论文	论文	高菲
4	2026.03	以项目化学习的方式优化初中作业设计提升核心素养研究与实践成果推荐会	成果推荐会	董淑英
5	2026.04	以项目化学习的方式优化初中作业设计提升核心素养研究与实践论文	论文	孙雪莲

四、负责人和课题组主要成员近五年来主持的研究课题的已结题证书

图4-5-1为负责人和课题组主要成员近五年来主持的研究课题的已结题证书。

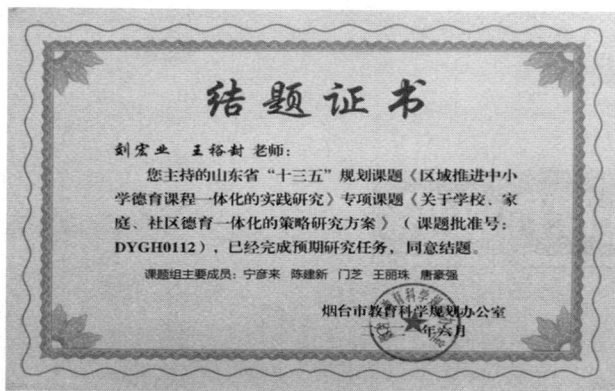

图 4-5-1

五、参考文献

［1］教育部. 义务教育物理课程标准（实验稿）［M］. 北京：北京师范大学出版社，2022.

［2］语文课程标准研制组. 义务教育语文课程标准解读［M］. 北京：北京师范大学出版社，2022.

［3］林崇德. 小学数学教学心理学［M］. 北京：北京教育出版社，2001.

附：课题汇总表

课题汇总表见表4-5-3。

表4-5-3

序号	区市	所在单位（与公章一致）	课题名称	主持人	骨干成员（不超过5位，姓名之间用逗号间隔）
1	蓬莱区	烟台市蓬莱区姚琪学校	基于"互联网＋项目化学习"的作业设计创新的研究	宁彦来杨鹏	高菲，陈乐兴，董淑英，孙雪莲，左良甲

5 第五章　课程改革

蓬莱区姚琪学校物理核心素养
课堂教学改革成果

　　物理核心素养不仅实现了新课程标准在目标理论上的重大突破，而且让物理学科教学终于找回了"失落已久的家"。在很长一段时间，物理教学的主要精力是教授学生物理知识，很少用发展的眼光去备课、授课，教学过程中很少把着眼点放在培养学生的核心素养上。崔允漷教授曾说："不知'家在何处'的学科教学改革无异于'离家出走'。"2005年，在时任总理看望钱学森的时候，钱老感慨说："这么多年培养的学生，还没有哪一个的学术成就，能够跟民国时期培养的大师相比。""为什么我们的学校总是培养不出杰出的人才？""钱学森之问"是关于中国教育事业发展的一道艰深命题，需要我们共同去破解。回顾自己多年的从教经历，我有一个切实的感受：以前，我们常常教给学生一些固化的知识，对学生观察生活和动手实验的能力培养很少。在班级里很多成绩优秀的同学不会打鸡蛋，不知道用钳子的哪个位置可以夹断铁丝，不知道怎样用羊角锤起钉子，没有这些最基础的实践活动，何谈培养创新人才！所以对于让物理核心素养在课堂教学中落地，我们是举双手赞成的！

一、教学主张

为了让物理核心素养落地，更好地指导物理教师授课，我们的教学主张如下。

（一）围绕学生核心素养的发展设计教学目标，把核心素养细化，增加教学中的可操作性

我们利用集体备课的时间，深入学习和探讨物理课程标准，把握好新标准中的每一个变化。同时我们邀请市教研员周老师为我们分享他参加省级新课程标准的心得，指导我们更好地理解物理核心素养的内容和要求。我们始终认为：物理教师，不能把自己仅仅定义为一个"学物理的人"，"学物理的人"只需要知道物理学知识，而物理教师需要知道物理学科核心素养目标体系，即物理育人的目标体系。

为了达到教育育人的目的，我们把核心素养的目标体系细分为三层：第一层是教育目的，第二层是学科课程标准，第三层就是学期、单元、课时层面的教学目标。这三层目标具有一致性，即目标体系是教育目的（想得到）、学科目标（看得到）、教学目标（做得到）的统一。我们不能随意写目标，更不能不写目标。所有的目标我们都依据课程标准，结合具体内容，将学科核心素养具体化。

（二）优化教学方式，注重启发式、互动式、探究式教学

"优化教学方式。坚持教学相长，注重启发式、互动式、探究式教学，教师课前要指导学生做好预习，课上要讲清重点难点、知识体系，引导学生主动思考、积极提问、自主探究。融合运用传统与现代技术手段，重视情境教学；探索基于物理学科的课程综合化教学，开展研究型、项目化、合作式学习。精准分析学情，重视差异化教学和个别化指导。"为此，我们总结了三个方面：一是关于教与学的关系。教与学的关系是"教学相长"。不可遗忘教师的主导作用，更不能失去学生的主体性。近一段时间我们发现，一部分教师对教与学的关系变得越来越模糊，过多地强调了学生的主体性，弱化了教师的主导作

用。其实无论怎么改革，教师的价值从来不应该失去，不需要更不应该因为提倡学生的主体性而没有教师的位置，教师在课堂上不敢讲、不敢说、不敢想是另外一个不合适的极端。教师的作用更像一个麦田守望者，是一个引导者的角色。作为学的主体，学生的位置一直在强化。从精神层面上，师生是平等的；从知识获取的方式上，教师也没有了绝对的主动权，学生可以大概地获取很多教师也未必了解的知识；从学习方式上，教师教的方式在变革，学生学的方式一定在改变。教师和学生之间彼此学习，彼此促进。真正应了那句老话"弟子不必不如师，师不必贤于弟子"，教师和学生相互尊重。二是关于教学方式。"启发式、互动式、探究式教学""情境教学""综合化教学""差异化教学"等表述对于我们来说，是一个很好的导向，指引着我们从"爱讲授"的陋习中逐渐走出来。教师的作用更多的是点燃学生的好奇心，激发学生内在的学习动力。我们在教学方式上所做的改变为学生更好地成长提供了外在的良好的成长环境，孩子们生命的内在成长力量与外在良好环境进行了有效的互动，我们尝试着通过外部环境去唤醒、激发、滋养、支持、引导内在的生命力量。我们的愿望是，让每一颗种子都从内部迸发出生命的活力。三是"精准分析学情"。我们基于维果茨基提出的"最近发展区"教育思想，从学科本位、知识本位转向关注每一个学生，重视学生的主体性。从学习前的学情分析，到学习中，即上课阶段，再到学习后，即家庭作业和学情的反思，我们都在集体备课中进行交流和思维的碰撞。以前，我们的备课叫教学案例，现在我们把它定义为"教学预案"，课前对课堂的设计只能是一种预设，我们经常根据课堂上的生成，不断地调整和优化我们的教学预案。

（三）加强实验教学，培养学生的创新能力

新课程标准把实验探究设为一级主题，因此我们物理备课组树立了正确的实验观，在集体备课中，我们把实验教学作为一个交流和研究的重点，利用身边的瓶瓶罐罐进行实验创新已经成为我们课堂的常态，通过这样的方式，提高了每一位教师的操作技能，丰富了每一位教师的实验知识，改变了"以讲代做"的实验教学方式。在实验教学方面，我们做了多种尝试：第一，改

"观看"实验为实验"观察"。观察是有目的、有计划的一种思维知觉，是实验研究的基础，演示实验教学是培养学生观察能力的最重要途径。学生对演示实验现象的观察往往带有强烈的好奇心，但注意力不集中，目的不明确，主次分不清，常常忽略了本质现象，甚至出现把教师的演示实验变成看热闹式的"观看"。在演示实验教学中，教师除了要交代实验仪器、装置特点、实验目的和原理之外，还要向学生提出观察的重点和方法，教给学生"看什么，怎么看"，变简单的"观看"为实验"观察"过程，培养学生的观察能力。例如，在做测定小灯泡额定功率的实验中，我们引导学生按如下实验顺序进行观察，让学生观察实验电路图的特点，并及时提出问题，如滑动变阻器有什么作用？实验中电压表与谁并联？调节滑动变阻器后先看什么后看什么？当灯泡两端电压恰等于其额定电压时它的亮度怎么样？如果实际电压不等于额定电压，它的功率是大是小，灯的亮度相不相同？第二，改演示实验为分组实验。不少演示实验，由于受条件的限制，学生是很难看得清的，即使看得到，但由于缺少参与意识，学生也调动不起积极性，不能很好地发挥学生的主体作用，学生的独立操作能力及创造能力也就难以得到充分的培养。改演示实验为随堂分组实验，将演示实验过程转化为学生自己独立地运用实验去探求知识或获取必要的感性认识，从而自己去总结得出结论的过程。这样不仅可以在课堂上增加学生动手和动脑的机会，而且有利于提高实验观察的效果，有利于学生观察能力、思维能力的培养。同时，学生全程参与实验，也增强了其主体创造的意识，这种效果是单纯的演示实验所难以达到的。

（四）把深度学习设计出来，让学习真正发生

"深度学习"有多种理解，其中有四个关键点：一是高认知，高认知的起点就是理解；二是高投入，即全神贯注；三是真实任务、真实情境的介入；四是反思。为了把深度学习设计出来，我们发挥集体的智慧设计出教学方案，用最优化的导学案给学生的学习开出最好的"处方"，让学生明白去哪里、怎么去、怎么知道已经到哪里了，而不是告诉别人"我自己"要做什么。在课堂上，我们把关注的重点放在学生学会了什么、有没有学会、怎么学会等课堂上即时生成的问题上。

我们始终认为教学变革首先要变革教师的教学设计。我们的教学预案主要涉及三个方面：素养目标、重难点、教学过程。素养目标写学生要去哪儿，因为素养目标就是回答如何解决重难点问题的；教学过程主要回答教师自己做什么，主语全是教师，如导入、创设情境、讲授新知识、布置作业等。教学变革要从教案开始，教案不变，课堂就不会变！教案变革的方向是把深度学习设计出来，让真实学习真正发生。

二、教学实践

我们把核心素养细化到教学的每一个环节，增加可操作性。

（一）把核心素养落实到教学目标中

对比新旧课程标准，我们努力把握新的导向。新课程标准中只保留了密度、压强和欧姆定律三个理解的层次，把电功和电功率由原来的理解降为了解。同时新课程标准增加了同一直线上二力的合成，为后面学习二力平衡、摩擦力和浮力做好了铺垫。在制定教学目标时，我们强化了知识主题、大观念、大概念，强化了关键能力和学生必备品格的培养，在9个测量类实验和12个探究类实验中，培养学生要有量的感觉，会对身边的物体进行估测。在探究类实验中合理把握探究的难度，要求学生对定性分析的实验和定量分析的实验要做到心中有数。例如，探究欧姆定律是要求进行定量的分析，有用能量转化与守恒的观点分析问题的意识。在教授"能量守恒"的内容时，物理课程标准中关于能量守恒有这样一句话：列举日常生活中能量守恒的实例。教师要把这句话转化为课堂学习目标，分解成三条写出来，并确保至少三分之二的学生可以达成这些目标。

（二）注重启发式、互动式、探究式教学

"启发式、互动式、探究式教学""情境教学""综合化教学""差异化教学"等表述对于我们来说是一个很好的导向。我们在教学中尝试着像李吉林先生那样进行"情境教学"，同时非常注重在教学中落实"差异化教学"，确

保优秀学生吃得好，其他同学吃得饱，让每一个同学都享受到成功的乐趣。以"启发式、互动式、探究式教学"为例，我们在备课时进行了全方位的考虑：如何预设问题，是封闭性问题还是开放性问题？是把一个问题进行衍生还是把复杂的问题简单化？是需要学生"阅读、思考"才能"表达"的问题，还是一问就答，一答就对的问题？如何组织学生学习和评价？等等。我们的每一个设计都围绕着核心素养目标进行，从来没有为了单纯使用教学方式而不管是否能达成目标。例如，在演示光的折射实验时，学生很难观察清楚光在水面发生折射的现象，我们把该实验改为分组实验，学生对实验现象的观察由"模模糊糊"转变为"真真切切"。因此，对于那些操作简单、耗时少、易成功、观察能见度较差的演示实验，我们经常将其改为分组实验，通过教师—学生、学生—教师、学生—学生之间的多向交流，完成探索任务，增强了创造的体验，其效果比只看我们的演示要好得多。

（三）通过动手实验，培养学生的创新能力

1. 将演示实验改成学生分组实验

重视实验教学是我们一直以来达成的共识，利用现有的条件，尽可能地把演示实验改成学生分组实验，让每一个学生都有亲身参与、感悟和总结的机会。例如在探究音调和频率的关系时，我们让每一个学生都用钢尺亲自探究当频率发生变化时音调的变化规律；在探究响度与振幅的关系时，我们自行购买了乒乓球，让每一个小组都有机会看到敲击音叉时乒乓球被弹起的程度不同，有了感性的认识，学生非常容易得出实验的结论。对教材中的分组实验，我们总是让学生到实验室去亲自做一做。学生只有亲自做了，才能对实验有真正理解。只有能独立完成所规定的实验，学生才能提高动手操作和收集数据的能力、分析和处理数据的能力、解释数据的能力、表达交流的能力以及创新能力，在实验中学生经常会有一些对实验意想不到的创新和改进。生活中，很多教师担心让孩子动手实验会耽误学习的时间。多年的实践证明，这种顾虑是多余的，孩子有了实践的过程，从原理上弄明白了事情的来龙去脉，就会取得事半功倍的效果。

2. 将抽象的知识用短视频的方式呈现

在水气压计的教学中，学生难以理解为什么气压变小了而液面却升高了。为了给学生一个直观的感受，我们自制了水气压计，并把气压计从一楼到三楼的精简视频展示给学生。

3. 让广阔的生活成为提高学生核心素养和创新能力的舞台

如果把物理实验局限在课堂时间，是很难培养创新精神的，课堂毕竟是短暂的！多年来，我一直坚持让学生随身带一个笔和本，记录和发现身边的物理现象并记录瞬间的灵感，还要对现象进行持续的观察和反复实践。多年的坚持，取得了很好的效果，我撰写的《用日记架起课堂与生活的桥梁》是对学生精彩日记的总结，发表在《中国教育报》。知识来源于生活，只有扎根于生活才会彰显其应有的生命活力。生活的舞台很宽广，只有在现实中才能生成有价值的科学探究问题，所以我们的使命是让孩子们在生活的广阔舞台上提高他们的物理核心素养。

4. 开展实验创新比赛，让学生施展创造才智

教材中有不少关于实验问题的"讨论"和实验习题。我们提出一些研究的方向，启发学生自行设计实验方案，并定期收集，认真审阅，对具有合理性、可操作性强、实验现象明显、有一定水准的"作品"，教师提供平台让学生实践，充分展示主体创造的能力，定期举行实验创新大赛，激发学生的创新意识，并使其创造欲望得以保持。

总之，在物理实验教学中，只要有意识地把"观看"实验改为实验"观察"，改演示实验为分组实验，重视实验操作，注重实验的归纳与总结，就能有针对性地培养学生的创新能力。优化实验教学，可以使实验教学富有生命力，创新实验大赛，使学生更加生动活泼，积极主动地发展。

（四）把深度学习落实到教学实践中

1. 创设良好的课堂情境，激发学生的探究欲望

在教学"声音的特性"时，我们首先给每个小组发了一个普通的吸管，让学生用力吹看能否发出哨音。经过尝试学生始终无法吹出哨声，教师把普通吸管进行改进，十几秒后吹出了哨声，给学生深深的震撼，激发了学生的学习动机，也给了学生良好的示范，原来身边这些常见的材料经过思考和动手竟然可以有这样神奇的改变。

2. 采用大单元备课，站在更高的角度审视教学

一个单元就是一个完整的学习故事，从知识点到单元，教师的备课站位提升了，以更好的视角去备课提高了眼界和格局。把新课程标准和核心素养的要求落实到每一单元的每一个环节上，此时我们看到的目标仅仅是对知识的了解、理解和记忆，我们看到的是学科育人的关键能力、必备品格与价值观念。

在大单元设计时，我们主要从以下四个方面做了探索。

一是依据物理核心素养（课程标准）、教材、课时、学情与资源等，确定好一个学期的单元名称与数量，以及每个单元的课时数。

二是采用集体备课的方式，分课时设计一个单元的完整的教学预案。

三是在每一个单元学习中介入真实的情境或任务。

四是设计反思支架以引领和支持学生进行自我反思。

为了让每一位物理教师在进行大单元的教案设计中有章可循，我们规定大单元备课中要包含以下六个要素：一是单元名称与课时，即为何要花几课时学习此单元；二是单元目标，即期望学生学会什么；三是评价任务，即何以知道已经学会了；四是学习过程，即需要经历怎样的学习；五是作业与检测，即是否真的学会了；六是学后反思，即需要通过怎样的反思来管理自己的学习。

从某种程度上讲，素养不是直接教出来的，而是学生自己悟出来的，但如何让学生正确地悟或反思，需要我们良好的引导。在备课之初，我们要先把知识点的逻辑关系搞清楚了，给孩子们一个清楚的思维方向，否则学生会感觉无从下手。以光学为例，光学这一部分讲光的传播规律，分为光的直线传播、反射和折射。教材是按照研究对象越来越复杂的逻辑来呈现的。我们首先明确了这一部分涉及了什么，从物理语言上看，这是在讲光的传播规律，而实际上是在找光去哪儿了。从找光的角度来理解传播规律，就拥有了逻辑。我们按照这个方式讲，学生就再也没有出现入射角等于反射角的错误概念。其次，我们给学生显示光路。这样学生既学会了模型建构，也学会了科学推理。在新课标的指导下，我们"以主题为线索，构建课程结构"。在课堂的设计上我们还注重创新实验，例如我们设计了立体模型来显示光路，对实验方案进行改进创新。科学探究方面，我们注重四个要素的体现，如要探究光的反射规律，肯定会产生问题，那么就通过实验找证据，然后再解释数据，最后得出结论并进行研讨交流。在科学态度与责任方面，通过实验来探究规律，认识科学的本质。在实验中对于数据我们要求学生坚持实事求是的原则，遇到困难要有信心解决，爱护器材，培养正确的科学态度。结合学生的生活实际，让学生认知光的反射现象对生活的影响，保护环境，如高楼的玻璃窗的光污染现象，这便是社会责任。另外，对于核心素养，我们在实施过程中，对于每一个单元、每节课都有侧重，将其分为高相关、中相关和低相关，同时我们尽量地去挖掘资源。

在教材处理方面我们通过"三化"实现"三有"。把所学的知识条件化，即补充物理学史，让学生知道这一知识"从何而来"，让教材内容变得有温度、有情感，以实现教学内容的"有趣"。所学的知识情境化，即介入真实情境，让学生知道、体会教材中学的知识"到哪里去"，能解决真实世界中的问题，以实现教学内容的"有用"。所学的知识结构化，以帮助学生理解、记忆和迁移，实现教学内容的"有意义"。学校课程不是碎片化的一条一条的信息，而是有组织、有结构的。

在大单元学习设计中，我们通过不断的思考和实践，把相关的知识点组织起来，让这些知识成为有结构的知识体系，这样的学习就有了更深层次的"意义"。具体地说，就是要求教师依据清晰的目标，采用新增、删除、更换、整合、重组等方法，将教材内容进行教学化处理，以实现教学内容的有趣、有用、有意义。

3. 给学生精准把脉，根据学情及时调整教学

我们的三个做法是：一是了解学生想知道的和他们能够做到的。我们通过布置预习任务让学生了解自己知道和能做到什么，还有哪些困惑和想知道的。我们在实践过程中发现，刚开始的时候，学生预习效果很差。往往只是把书读一遍，画出重点概念。因为预习都是以作业的形式在家里完成的，教师不好监控。后来我们用导学提纲的方式，给学生搭建了预习支架，让学生知道需要预习什么，引发学生思考难点，并把一些动手实践活动嵌入其中，让学生边做边学，增加了学生学习的兴趣，对学生自学能力的培养有很大的帮助。学会自学是学生终生受用的好习惯。二是调整合适的教学策略，确保多数人都能达成教学目标。在上课过程中根据学生的学习情况选择合适的教学策略。三是高度关注那些有可能达不到要求的学生的学业需求。让最不愿意发言的学生发言，让最不愿意参与课堂的学生去尝试参与到课堂中来。在这些方面，我们积累了很多的故事，也积累了很多的经验。这些被忽视的学生有了提高，对其他同学有很强的激励作用。他们因为我们的不放弃被唤醒，那么他们一生的轨迹就会改变。我们始终认为这是教书和育人的和谐统一！

4. 改变学习方式——让学生在做中学

在学习方式上我们努力让学生在做中学，在学中做。我国著名教育家陶行知先生提出"教学做合一"的教育思想，这种教学理念已经得到普遍认同。这不仅可以把学习的主动权还给学生，让学生的学习主动性得到充分发挥，还可以让学生在观察和实验中形成感性认识，激发学习兴趣和求知欲。尤其是在现行的教材中很多的物理实验，更适合"做中学"理念的实施。我们通过创设情境、敢于放手，在实践"做中学，学中做"的过程中取得了满意的教学效果。例如在学习"欧姆定律"这节内容时，我们让学生先根据导学案进行有针对性的预习，以帮助学生做到带着问题听课，变被动听课为主动听课，然后让学生根据课本电路图进行实验探究，先保持电阻R不变，通过调节滑动变阻器R'，观察电流跟电压的关系，然后保持电阻R两端的电压不变，通过调节滑片P，观察电流和电阻的关系，最后将所得数据进行整理、分析。在学生亲历电流与电压、电阻的关系的实验研究过程后，再让学生分小组进行讨论，并根据学生得出的实验结论，在黑板上以表格形式对"欧姆定律"进行总结归纳。我们通过学案导学、实验探究、小组合作等形式，使教学方式多样化，并以学生为中心，建构了一堂师生互动、生生互动的智慧课堂。

三、教学特色

在全面落实核心素养的过程中，面对前所未有的挑战，我们勇抓机遇，发挥物理团队的力量，不断探索，拥有了自己的教学特色。

（一）学生的主体性得到重视，建设了探究式课堂

在学生的成长过程中，如果我们采用驱赶式的教育，学生的成绩可能短时间内会很好，但学生的内心是痛苦的，学生的创新能力会被逐渐扼杀，因此，我们摒弃了旧有的模式，将学生放在教学的中心，激发了学生的学习热情和兴趣。在教学过程中，我们注重学生的思维和实践能力，采用探究式教学方法，打破传统的教师讲授、学生记忆的模式，让学生充分参与教学过程，通过互动和讨论，积极探究物理现象的本质、规律和应用。同时，我们改变课堂上所扮演的角色，充当引导者和协调者。我们在课堂中热情而平静地引导着学生思考、讨论问题，为了避免学生过于散漫，我们也注意到了课堂秩序的管理，保障了课堂的教学效果和学生安全。在教学过程中，我们坚持把教学难点用实验或者视频的方式形象化，如为了让学生区别音调和响度，我们借助声音的传感器把抽象的声音用声波的形式形象地展示给同学。在探究"流体压强和流速的关系"时，为了让每一个学生都能够参与到课堂中，我们选用一张普通的小纸条引入新课，提起纸条的一端，另一端下垂，学生思考有哪些方法可以让下垂的一端变平，有的学生用手把下垂的一端抬起，有的学生吹纸条的下方也达到了相同的效果，此时教师提出如果吹纸条的上方也会变平吗？学生的回答是：不会。但经过亲身实践后学生却发现纸条上方能变平，这种认知上的冲突激发了学生进一步探究的欲望。我们发挥物理团队的力量，设计了无数个这样的案例，这些案例像星星之火，点燃了学生的创新意识和创新动力。

（二）把物理课堂拓展到学生的生活中，让学生在生活中养成观察和创新的习惯

课堂仅仅是学生学习和生活的一小部分。我们让学生养成随身带一个笔和本的习惯，及时记录自己在生活中观察到的物理现象，并尝试着解释生活中

的现象，对生活中遇到的问题可以自己进行解决。有人说："孩子天生就是科学家。"但是这种科学家的特质需要我们的呵护和引导。每节物理课前，我们都让学生进行两分钟的物理观察日记展示，这个小小的举措，竟然成了学生爱上物理的引擎，一些弱势学生，竟然写出非常精彩的日记。有学生在日记中写道：下雨天，为什么我的裤脚总是被打湿？经过一段时间的思考和查阅资料，我发现原来是当我抬起脚时，雨水跟着脚一起上升，当脚下落时，由于惯性，雨水依然会上升，所以就会把裤脚打湿。我想只要我在鞋后跟贴一个类似于摩托车挡泥板的即时贴就可以轻松解决这个烦恼了。你看，这是多么精彩的日记！我们有理由相信，这样的坚持，一定会催生出越来越多的爱迪生式的发明家，为国家创新人才的培养贡献我们应有的力量。

（三）大单元备课，让学生拥有更高的视角

只有教师从更高的视角把本单元的知识点的逻辑关系搞清楚，才能给孩子们一个清楚的思维方向，否则学生学的是碎片化的知识，缺乏理性思维。在实际教学过程中很多教师以逐课、逐节地讲解作为授课方式，课堂上也很少留给学生充分的思考时间，将相应知识灌输给学生便认为完成了该课时的教学任务。实际上，这种教学方式使得学生没有形成系统的物理知识框架，物理知识的学习成了碎片化记忆，加之课堂上很少有思考的时间，使得一些学生用所学知识解决问题的能力严重不足。教师重结果轻过程，将大量的时间集中在机械地重复刷题上，让学生没有思考的时间，对于一些问题竟需要以记忆答题模板的方式来解答。这种错误的教学方法使得学生虽有了好的物理成绩，但其物理素养却没有得到提升，对于学生的个人发展而言是毫无意义的。因此我们跳出章节的束缚，努力培养学生自主解决问题的思维与能力。

大单元备课的教学方式使得从前逐章逐节的碎片化教学有了基本一致的整体框架。有框架在，学生便可以将所学知识进行相应的联系，由一个知识点联想到其他的知识点，这样既方便了该节内容的学习，也为其他知识内容的学习提供了帮助。在大单元备课教学方式下，学生可能会遇到一些从未见过的知识，有利于激发其探索知识的欲望。学生对一些问题进行自主探索，在一定程度上提高了其探索解决问题的能力，让学生不再局限于点的学习，更多的是成线成面的学习，大大提高了学生的学习效率。

在实际教学过程中，我们也遇到教师与学生之间沟通不足、缺乏小组合作与学生学习自主性差的情况。而大单元备课方式有效弥补了这些缺陷。我们的大单元备课不仅是备教材，更多的是备学生，这种新的教育方式下，我们更加以人为本，重视学生自身发展。

（四）借助现代信息技术，强化视觉感受

随着现代信息技术的迅速发展，教学手段也不断创新。我们紧跟时代潮流，充分利用信息化技术，将传统教学方式和现代信息技术相结合，用模拟实验、DIS数字化实验等技术，以更直观的形式展现物理知识，增加学生对物理现象、过程的感受，使抽象的物理知识在学生的脑海中得到直观的体现。例如，借助计算机软件模拟实验与小型化实验，当实验条件或材料有限时，可以迅速排除实验中存在的干扰因素，减少实验环境的变化和误差的影响，从而提高实验的可靠性和准确度。同时，通过虚拟实验等方式，可以更生动、全面地展现物理现象，加深学生对物理现象的理解和记忆，提高学习效率。

（五）做好跨学科实践，注重现实问题和学科的交叉应用

跨学科实践是打破学科界限进行教学的有益尝试，是较高层次的教学方法，体现了现代意义的课堂教学观念。教学中既有深化人格的教育，又有知识体系之间的辐射、迁移等。我们积极更新教育观念，加强了与其他学科教师间的合作，知识是分学科的，而生活中的问题常常是很多学科的交叉和融合，我们加强了与相关学科教师的互动，帮助学生更好地探索世界。在课后实践中，我们让学生设计一个能够用USB插口插在电脑上工作的小风扇，这样的设计工作，他们既要用几何画图的方式对产品进行设计，还要用到微机知识在互联网上进行广泛的搜索和借鉴，然后融入自己的个性化思考并动手制作。利用多学科知识融合解决生活中的问题对学生来说具有里程碑式的意义，因为在他们以往的记忆中，解决物理问题，就要用物理的知识，一般不能跨学科去解决。

总之，物理学科核心素养在课堂教学中的落实，还需要我们积极去改变现

有的课堂模式，更加注重启发式、互动式、探究式教学和差异教学，帮助学生通过自主探究获取知识，提升学生的动手能力和协作能力。通过这些方式，培养学生在学科学习中自主地理解科学，并形成严谨的科学态度，培养学生自主发散的理性思维和勇于担当责任的良好态度，培养其能够适应其自身发展和社会发展所需要的品质和能力。通过不断的坚持和实践，我们一定会为祖国培养出更多的高素质的创新人才！

提高小组合作效能需要关注的几个细节

为了让更多的学生成为课堂的参与者，而不是旁观者，越来越多的学校在教学中采用了"小组合作学习"的方式，但是目前的状况是：许多教师充满激情地进行了尝试，但是过了一段时间后，他们发现课堂上自由散漫的学生似乎增多了；由于学生自主探索的时间比较长，教学进度比原来变慢了，教学成绩也下降了。所以很多教师不得不改回原来的老办法。于是，小组合作教学在部分学校推进过程中出现了反复甚至倒退的现象。笔者曾经在一所乡镇中学负责"课程改革"工作，在一年多的课改实践中，一部分教师迅速成长起来，成为小组合作教学的领头人，但也有一些教师成为改革的失败者。对这两类教师的做法我进行了仔细的观察和反思，下面是我的一些思考。

一、分工合理细致，保证课堂合作的有序有效

很多教师失败的原因是，在让学生进行讨论之前并没有细致的安排，所以当教师宣布让学生讨论时，许多学生很茫然，不知道该和谁讨论。此时学生就开始放松了，课堂由原来的教师一个人讲变成了几个小组长讲，当某一个或几个小组长讲授水平不是很高的时候，这些小组就陷入了混乱，大家借此机会小

声聊天等待其他小组的展示。在这一点上，我们要借鉴昌乐二中的做法，学生的讨论安排必须是一对一的，让每一个小组成员都有参与课堂的权利和机会，如果有了明确的安排和责任，那么"参与讨论"的过程就成为学生科学之旅的开始。只要他们参与讨论了，就会暴露出学习上存在的问题，恰恰是这些不断产生的问题激发着小组的活力，也是课堂精彩生成的源泉，没有问题的课堂只能是一潭死水，解决问题才是孩子们不断成长的台阶。所以我们一定要用科学细致的分工让每一个人成为课堂这个大舞台的演员而非"打酱油"的观众！

二、评价要有导向性，激发学生的合作热情

如果我们想让学生具有怎样的学习品质，我们的评价标准就应该做怎样的导向。在小组合作教学的每一个阶段，对学生要求的标准也应该是不一样的。在小组合作的初期，学生"不好意思"参与，所以此时的加分原则可以是，只要参与就加分，答对了加的分多；随着小组合作学习的深入，学生积极参与的人数会逐渐增加，为了鼓励更多的学生参与课堂，我们的加分办法可以做适当的调整：规定A或B回答对了只能得到1分或2分，而小组成员中的C或者D同学回答正确后，可以得3分或4分，如果这个结果是经过小组成员共同讨论得出的，而且他们充当了一个合格的"小组发言人"，那么小组内的每一个成员都可以得到加分。这样的评价机制起到了四两拨千斤的作用，此时的小组讨论不再是松散的讨论，而是积极的、热烈的。孩子们希望在最短的时间内，为自己的小组成员赢得最高的分数。有了好的评价机制，无需教师的"驱赶"，学生的主动性就会被充分激发。

许多教师抱怨，学生对评价不在乎。我想，那是因为我们没有用好评价的结果。在多维评价的同时，我们要让学生在乎评价，还要保证评价的公正、透明。这个评价最好由班主任牵头，每一个学科、每周、每月、每学期汇总每个同学的评价结果，将结果张贴在文化长廊里，接受同学的监督，让孩子们看到希望，知道自己努力的方向。这些结果要和学生学期末的各种评比挂钩，和孩子们的综合评价档案联系起来。因为关系到了孩子们的切身利益，而且评价目

标是如此的具体、公平，学生参与的热情就会很高。还有一些学校，把政教工作和教学工作融合到一起，规定只有优秀的小组才有机会担当每周一的国旗下讲话的升旗手，只有优秀的课堂展示明星才能成为每周一的国旗下讲话的主讲人，在全校师生的面前展示自己的风采。这样的一些做法和尝试都成为学生积极参与小组互助学习不竭的原动力。

三、在小组合作的初期要有纪律做保证，调动团队合作的互勉互促

课堂如果乱了，小组合作注定是要失败的。尤其是在高年级开展小组合作时，由于部分学生在低年级时学习基础较差，在小组合作的初期难免有一些懒散的习惯。教师和所有小组成员要用"合力"转变这些同学，这样的学生对教师的教育常常会有抵触的心理，但是他们在与同学的相处中又有"脆弱和自卑"的一面，这时我们要培训好小组长，让他鼓动小组其他成员一起告诉他：你一定要学会了，咱们组挣分的多少主要靠你了！当小组成员赋予他这样的"责任"，大家又没有歧视他，热心地帮助他时，他就会行动起来。有事情干的孩子是不会捣乱的，只有没"事"的孩子才会去找"事"，因为被别人"关注"是人性的需求。所以用团队的力量和集体的智慧确保良好的纪律是小组合作教学成功的保证。

四、小组不只是合作，还要有独学的思考，发挥学生自身的潜能

在小组合作教学中，如果所有的教学内容都通过合作的方式解决，学生就会失去真正的"自我"。"独学"应该是小组合作学习的基石。尽管摩天大楼的"基石"常常被埋在土中，被人忽视，但却是至关重要的。如果我们仔细反思那些成功的课改案例，我们就会惊奇地发现，它们竟然有很多的共性，就是先让学生经历自主思考的过程。比如，魏书生校长总说自己很懒，让学生自己尝试解决问题；邱学华老师发明的"尝试教学法"，先让孩子自己先试一试；

课改名校杜郎口先让学生自主学习。他们正像"生本"教育的创始人郭思乐教授所说的那样：只有经过学生自己的"生产"，知识才会被赋予特殊的情感，这样的记忆才会更深刻。生活中，我们常常抱怨孩子乱花钱或者不知道珍惜东西，其实这个道理很简单，那些东西是父母"生产"的，和孩子们的相关度并不大，道理都是相通的。

有效的小组合作是实现课堂高效的重要途径，对它的探索我们永远在路上，在这个过程中，不断的总结反思是促其丰富发展的手段，希望我的探索和想法能给大家提供有益的帮助。

对学生在课堂中的展示
教师如何做好恰当的点评

很多教师在授课中都使用了用导学案培养学生的自学能力，用小组互助培养学生交流和合作的能力，还大胆地让学生展示和点评，我想这恰恰是"高效课堂"最关键的环节，不仅能展示学生对问题、知识独到的理解和解决问题创新的方法，还能展示学生的解题过程，也能展示学生学习中的困惑、疑难。通过展示和点评，学生对规律、方法进行总结，对学过的知识和技能做到举一反三和触类旁通。如何对学生的展示进行恰当的点评需要我们去努力地实践和探索。

一、课堂展示和点评的概念

所谓课堂展示和点评，就是学生在充分自学、探究、讨论的基础上，在课堂上把自己的学习成果通过一定的方式展现给教师和其他同学的一种过程。

二、课堂展示点评的意义

通过课堂展示和点评环节，学生能够体验到作为课堂主人公的愉悦和激情，充分挖掘潜力和创造力，充分发挥主观能动性，从而最大限度地调动学习兴趣和积极性，在一种竞争的氛围中勇于表现自我，体验学习的快乐，达到自我实现的目的。

三、课堂展示点评的目的

（1）促进学生积极主动完成任务，获得成功或失败的体验，激发学生参与学习与展示的积极性。

（2）规范学生的学习成果。

（3）暴露学生学习中存在的问题或认知缺陷。

（4）收集学习信息，为诊断补救做准备。

四、课堂展示点评的原则

（一）激励性原则

展示点评采取的形式和内容对学生的学习有激励作用，让学生在展示点评的对比中认识自己，发现不足，激发斗志，调动学习的积极性，使自己积极主动参与到学习中来。

（二）公平性原则

给每个学生创造展示的机会，不歧视任何一名学生，不放弃任何一名同学。

（三）适时性原则

选择合适的内容、时机展示点评，决不能为展示而展示，点评而点评。

（四）灵活性原则

因人而异，因内容而异，根据不同学习内容、不同的学生可采取不同的展示方式，表现自己个人的特长和才艺，如擅长写的可以板演，擅长绘画的可以通过画的形式表现，擅长表达的可以说也可以唱、表演等。

（五）全员参与原则

展示要顾及每个层次的同学，面向全体，决不能把课堂变成某些学优生的天地。

（六）程序化原则

展示的组织要有一定的常规要求，形成一定的操作程序，避免因组织展示而消耗无谓时间，降低课堂学习效率。

（七）效能性原则

展示要讲效率，课堂时间是有限的，学习任务应当堂完成，因此课堂展示必须体现形式和内容的统一，落实好学习目标。

五、课堂展示点评的内容

（一）展示的内容应具有典型性，突出重点，解决难点

1. 展示什么内容

是不是所有的问题都要展示？其实，高效课堂特别注重强调让每个学生"学会自己不会的"，也就是在编制学案时，我们特别强调要分A、B、C、D四级目标，A是基础知识，要求每个学生必须掌握，D是针对个别尖子生的拓展训练，属"小灶"，因此A、D两级一般不作为"展示内容"。B、C两级是针对大多数学生设计的学习内容，是课堂上展示的重点。

2. 什么样的学生展示

是不是所有的学生都要展示？既然B、C两级才是展示的重点，那么展示过程中则应该充分调动这部分学生的积极性，也就是中等生的积极性。尽可能不让尖子生去展示"低层次"问题，他们在展示过程中作为"小先生"出现，去点评、归纳和总结。对于后进生，要照顾到他们学习的积极性，又要兼顾到其他程度较好的学生的利益，怎么办？可以让他们在"组内"展示，再尝试着参与集体展示。总之，展示的对象重点是中等生，但要求所有同学必须"参与"。

3. 教师在展示点评中的作用是什么

教师在展示过程中的作用是组织和点拨。假如这个"工作"学生可以胜

任，那教师最好仍"袖手旁观"。当然教师在学生展示和点评过程中要掌握和了解学生真实的学习状况，根据学习状况去掌控展示时间，适时地提出错误及漏掉的知识点。记住，大家都会的不展示，都不会的更不展示！

（二）点评的内容则应该具有针对性、拓展补充性

1. 点评要具有针对性

对其他同学展示的问题在点评时要具有一定的针对性，针对该同学展示的问题进行评价及总结，评价时要一语中的，点出展示问题的优缺点，或者展示出自己独到的解题方法及过程。

2. 点评要具有拓展补充性

在点评的最后要对这个问题进行拓展和延伸，因为展示的同学并不一定能把这个问题展示得完美无缺，这个时候点评的同学要适当地再对这个问题进行拓展补充，这样不仅仅让点评的同学能熟记这个问题所考查的知识点，而且让全班同学知道这个问题的所设计的知识。还节省了老师上课点评补充的时间。

六、课堂展示点评的形式

口头语言是人际交流的工具，而学生在考试时多采用书面语言。这就要求课堂展示的方式要灵活多样，促进学生表现能力的综合提高。

（一）口头展示

口头语言简短、灵活、平易、生活化，但不及书面语言精确严谨完整，易于展示，形式灵活，表达内容丰富，容量大，易于训练学生的听说能力不足。口头展示缺乏持久性，无法让多人同时展示和点评，对学生的注意力要求较高。口头展示的形式有说、唱等，适合于展示简单、直观的内容，如概念的形成、现象的描述等。

（二）书面展示

书面语言是在口头语言的基础上经过加工而形成的。这种语言结构完整规范，讲究条理性。其不足是对时间要求高。考试时多采用书面语言。书面展示的形式有简答、画图、绘描等，如定理的证明、推理、探究的过程、题例的解答等。

（三）肢体语言展示

肢体语言即手势、表情、姿态，帮助展示说明，增加表达讲说的内容效果，是口头语言的补充。肢体语言恰当地运用在展示中有时会起到意想不到的作用。

（四）实物或模型展示

现在的孩子观察生活和动手实践的能力欠缺，所以要充分利用分组实验、演示实验让学生亲自动手操作生活中的实际物品，例如在讲解杠杆时，让学生动手使用钳子剪铁丝、用羊角锤起钉子。在讲解磁铁时，让学生利用不同种类的磁铁吸引铁屑，让学生建立感性的认识。

七、课堂展示点评的要求

（一）展示要求：展示的准备和自我价值的实现给学生提供最大的学习动力

（1）书面展示各小组同时进行，展示要围绕学习目标。

（2）展示可提前公布内容，但不能公布由谁展示。

（3）口头展示要指定不同层次同学进行，不指名但分层，要脱稿展示。

（4）展示要有重点难点、规律方法，也要展示问题、疑难。

（5）展示结束要有掌声鼓励。

（二）点评要求：点评的准备和对知识方法的归类拓展是高效学习的有效途径

（1）由学生对展示内容进行点评、拓展，点评时要关注达标和结论生成过程，每个学生点评结束时，教师都要问一句："同学们都听明白了吗？""同学们还有补充吗？"然后鼓掌表示赞同。

（2）教师、学生要在点评过程中进行即时性评价，对生成性问题和重点疑难进行启发、引申、拓展、追问，对知识进行深化、提升。

（3）即时评价：一评知识，二评情感态度，三评过程方法、肢体语言、声音大小、语言表达。每节课都要由学习班长对学习小组进行总结性评价，一定要评出最佳表现个人和学习小组。

八、课堂展示点评应注意的问题

（1）展示要有侧重，什么问题该由A展示，什么问题该由B展示，什么问题该由C展示，由哪层学生来点评，这些教师在备课设计的时候就应该设计好。

（2）展示人和点评人要准备好，教师在巡回指导时要特别给予关注。

（3）展示的问题的量。上课前确定好哪些问题应该是口头展示，哪些问题应该是黑板展示，但是一节课是有限制的，容量不能太大，展示的问题不能过多，要保证一节课能处理完。这就要求教师在备课时把握好本节课的重点、难点及备课的深度，并且要求教师在批改学生学案时统计好错题及知识点，这样才能做到有的放矢，具有针对性。

（4）学生展示和点评时一定要脱离材料，并做立姿、体态语言、说话的语气规范，如点评结束时要说："这个问题同学们都明白了吗？""有问题的同学请提出来""谢谢"等。

（5）展示和点评不仅仅是让小组内一个学生讲解，更不只是展示答案，而是各个小组同时展示讨论出来的方法、规律和解决不了的疑难问题，引起全班同学的思考，达到全体同学高效学习的目的。教师要对展示的内容和展示的学生有设计，确保展示点评的针对性和有效性。学生准备展示和展示点评的过程本身就是一种很好的学习，展示的内容不一定全是准确的答案，展示过程中老师要巡回指导，认真思考，努力将当堂内容最大限度的让学生掌握。

（6）要尽量以书面语言展示，展示的字迹要工整认真，板书规范，效率要高。未到黑板展示的同学要认真修改订正学案。全体学生在展示点评环节都要处于认真的学习状态，有事可做。

第六章　课堂教学

"声音的产生与传播"教学设计

你准备好了吗

在非洲干旱炎热的草原上，万籁俱寂。一群大象慢慢地向前走，小象在母亲旁边听话地跟着。忽然，不知什么原因，象群停住了。一些大象左顾右盼用人类听不到的声音进行交流。现在就让我们来探索这看似简单，但又藏有许多奥秘的声音现象吧！

你将学什么

（1）声音是怎样产生的？

（2）声音是怎样传播的？

（3）声速与哪些因素有关？

你怎样学习——学法指导

"提出问题往往比解决问题更重要" —— 如何提出问题？

实验是从提出科学问题开始的。科学问题是指能够通过收集证据而回答的问题。例如：纯水和盐水哪一个结冰更快？这就是一个科学问题，因为你可以通过实验收集信息并给予解答。

对自己提问是一种有助于牢记书中的新知识和新信息的很好方法，你应当学会如何提出一些好问题。其中一种方法就是将教科书中的各种标题转化成问题，这一系列的问题能够引导你识别和牢记所阅读的重要信息。举例如下：

标题：声音的产生。

问题：声音是如何产生的？

标题：出错的原因。

问题：出错的原因是什么？

学习中可以从日常生活、自然现象、实验现象、自身体验等方面不断思考，发现问题并提出问题。提出问题一般从以下四个方面入手：由何（为什么）、如何（怎么样）、若何（如果条件变了，将怎样）、是何（是什么）。例如：看到天空，你会提出_____问题或_____问题；手拍桌子，你会提出_____问题或_____问题。

一、声音的产生

（一）做一做

观看视频（【F】SCC-003各种各样的声音），了解生活中的各种声音，"风声雨声读书声，声声入耳。"我们生活的世界充满了各种声音。请你动手完成课本27页的"想想做做"，用自己的话说出物体发声时的共同特征。

（二）想一想

（1）你还可以利用身边的哪些物体使它们发出声音，试一试并观察现象。

（2）通过这些实验，你推断出声音是怎样产生的，请你尝试用文字写下来。

（3）观察并思考蝈蝈和早期的唱片是如何发出声音的，如果让发声的物体不再发声，你有什么好办法？

（三）读一读

（1）阅读课本P28第一自然段，用科学准确的语言描述声音的产生条件。

（2）和你的同伴交流保存声音的方式，尝试说出老式唱片机将声音重现的过程，小组内分享你还知道哪些记录声音的方式和装置。

二、声音的传播

想象一下：如果将我们的教室搬到月球上，我们之间的交流情景会是怎样的？你能猜到出现这种情况的原因吗？

（一）做一做

观看视频（【W】SCC-007真空罩中的闹钟），仔细倾听抽气和进气时铃声大小变化，把你观察到的现象记录下来。

（二）想一想

铃声越来越小的原因是不是闹铃的振动越来越弱？如果不是，请推断原因，并设想一下如果罩内的空气全部抽出变成真空会出现什么现象。由此我们可以猜想出声音的传播需要什么条件。请你在小组内分享你的想法。有同学说只要有声音，我们就一定能听到，你同意这个观点吗？说出你的理由。

（三）读一读

阅读课本P29第二自然段，回想自己用铅笔不断轻点水面时的情景，总结声音是以怎样的方式传播的。以击鼓为例，叙述声音在空气中的传播过程。

（四）做一做

与同伴合作完成课本P29的"桌子传声"，组内分享你们的操作过程和观察到的实验现象。小组内交流：为什么附近的同学听不到的敲击声，而耳朵贴紧桌面的同学能够听到？

（五）读一读

观看视频（【W】SCC-006水能传声的实验），阅读课本P29第三、四两个自然段。"路人借问遥招手，怕得鱼惊不应人。"写出你对这两句话中关于声音的传播的理解。你能说出声音在固体、液体中传播的事例吗？小组内分享你的想法。

三、声速

（一）议一议

学校举行运动会时，计时员看到发令枪冒出的白烟就按表，而不是等听到发令枪响再按表，说一说这样做的原因。

打雷时，闪电和雷声是同时发生的，我们总是先见到闪电，后听到雷声，这又是为什么？

（二）读一读

（1）阅读课本P29最后一段、P30第一自然段和小资料，尝试归纳出影响声速的因素。写出在15 ℃时，空气中的声速大小及其表示的物理意义。

（2）观看视频（【F】SCC-002我们是怎样听到声音的），阅读课本P30的"科学世界"，了解我们是怎样听到声音的。

（三）练一练

请完成"动手动脑学物理"1~5题。

你学得怎么样

（1）用手握住正在发声的自行车铃，就听不到铃声了，是因为（　　）。

A. 手吸收了声音　　　　　　　B. 手太用力了

C. 手使铃停止了振动　　　　　D. 以上说法都不对

（2）以下现象中，用以说明声音是靠介质传播的是（　　）。

A. 敲鼓时，撒在鼓面上的纸屑会跳动

B. 将发声的音叉接触水面，能溅起水花

C. 扬声器发声时纸盆会跳动

D. 把正在响铃的闹钟放入密封的玻璃罩内，逐渐抽出空气，声音会逐渐变小

（3）《黄河大合唱》中的歌词"风在吼，马在叫，黄河在咆哮"，这里面的"吼""叫""咆哮"的声源分别是＿＿＿＿＿＿、＿＿＿＿＿＿、

_____。

（4）某人在没有装水的空长铁管的一端敲击一下，则在另一端将听到_____次响声，第一次响声是由敲击产生的声音通过_____的传播而来的。

（5）阅读题

阅读声速与气温有关的小短文，回答后面的几个问题：

气温影响空气密度，气温越高，空气越稀薄，则声速越大，因而声音不一定由声源沿直线传播。晴天的中午，地表迅速升温，地表附近的气温较上层的气温高，声音在地表附近的传播较上层快。因此，在地表的声源发出的声音向四周传播时是向上拐弯的。

① 烈日炎炎，在沙漠或戈壁滩上，即使相距不太远的人也很难听清对方大声喊叫的内容，其中一个主要的原因是声音在传播时向_____拐弯。

② "姑苏城外寒山寺，夜半钟声到客船。"若枫桥到寒山寺的距离为680 m，客船里的乘客听到的钟声至少是_____s前僧人撞击钟面而传来的。（当时气温为15 ℃）

你的收获与困惑

（1）想一想本节课你都学到了哪些新知识。

（2）你还有什么困惑、疑问？请与同桌交流（或请教老师）。

"声音的特性"教学设计

你准备好了吗

认真倾听歌曲《青藏高原》，思考为什么许多人唱到"高原"的"高"

字就唱不下去了。合唱时有人说那么高的音我唱不上去或那么低的音我唱不出来，这里的"高""低"与"引吭高歌""低声细语"里的"高""低"从物理角度讲是否一样？

你将学什么

（1）音调（声音的高低）与什么因素有关？

（2）响度（声音的强弱）与什么因素有关？

（3）音色（声音的品质）与什么因素有关？

你怎样学习——学法指导

怎样猜想与假设？

当发现问题后，应根据原有的知识和经验进行假设，推测可能的实验结果，由此提出自己的猜想。进行猜想与假设时，应打开思路，敢于猜想，敢于预测，但猜想不是"胡思乱想"，应让猜想与假设有根有据。猜想可行的办法如下。

（1）观察猜想

在自己已有知识和生活经验的基础上，设计与猜想目标相关的情境，提出自己的合理猜想，如：弦乐器的声音的高低是由哪些因素决定的？联系实际——弦乐器上有几根粗细不同的弦，使用前常需要调弦，使用时手指按在弦上的不同位置等，就自然猜想到：弦乐器的声音的高低可能与弦的长短、粗细和松紧程度有关。

猜一猜

生活中，当你看到人山人海，听到鞭炮齐鸣、锣鼓喧天时，自然而然地想到一个问题：人们为什么这样高兴？你就会猜想：可能是＿＿＿＿＿＿＿。
或猜想：＿＿＿＿＿＿＿＿＿＿＿＿＿＿＿＿＿。

（2）类比猜想

所谓类比就是把相同或相似的事物进行比较，根据熟悉的已知属性去猜想新事物也具有相同或相似的属性。例如：水要想流动需要水压，与电荷在电路中"流动"需要电压进行类比。

一、声音的高低——音调

（一）试一试

你有过往暖瓶里灌水的经历吗？随着暖瓶中水位上升，瓶中空气柱发出的声音有什么不同？用硬纸板分别慢慢、快速划过梳子的梳齿，感受一下声音有什么不同。

观看微课（【F】YYT-003梳子——音调频率），仔细观察现象，倾听声音，记录慢慢、快速划过梳子，梳齿振动快慢是否相同。结合观察的现象，你认为音调的高低与什么因素有关，请写下你的猜想。

（二）做一做

实验："影响音调的因素"

（1）阅读课本P32"演示"，然后以小组为单位进行实验，在表6-2-1中记录你观察到的现象。

表6-2-1

实验次数	直尺伸出长度	直尺振动的快慢	发出声音的高低
1			
2			
3			

（2）分析实验现象，在小组内汇报你的实验结论。

（三）读一读 议一议

（1）阅读课本P32、P33"音调"部分，用提纲的方式整理你通过阅读学到的知识，如音调、频率的定义和单位、超声波、次声波等知识的详细内容，写完后与你的同伴交流一下，看看自己是否有遗漏的知识。

（2）仔细阅读课本P34中的小资料，尝试归纳总结出其中的规律和你发现的问题。

（四）自主探究实验

怎样改变频率？

器材：两根不同粗细的橡皮筋、长约30 cm的塑料尺、铅笔。

操作步骤：

（1）将两根不同粗细的橡皮筋缠绕在长约30 cm的塑料尺子上。两根橡皮筋要相互分开。

（2）把一支铅笔放在两根橡皮筋下面，铅笔距尺子一端约10 cm。

（3）先后拨动两根橡皮筋，它们发出的声音有什么不同。

（4）把铅笔移到距尺子一端15 cm处，重复步骤（3）。

思考：为什么步骤（3）和步骤（4）中发出的声音不同。

二、声音的强弱——响度

（一）议一议

表演大秧歌时，思考用力敲鼓面与轻敲鼓面声音的不同。震耳欲聋和窃窃私语是描述声音的哪方面的？写出响度的含义。结合你在生活中观察到的现象回想一下，用力敲鼓面与轻敲鼓面时，鼓面的振动幅度相同吗，请你写下你的猜想。

（二）做一做

实验："影响声音的强弱的因素"

（1）以小组为单位进行课本P34"演示"实验，在表6-2-2中记录你观察到的现象，并归纳实验结论。

表6-2-2

实验次数	敲击音叉力的大小	乒乓球弹开的幅度	音叉振动的幅度	声音的响度
1				
2				
3				

（2）结论：用不同的力敲击音叉，音叉振动的幅度_____，

_____越大，_____越大，声音的_____也越大。

（三）读一读

观看视频（【W】YYT-001响度），阅读课本P34、P35"响度"部分，用提纲的方式列出影响响度的因素。

三、声音的品质——音色

（一）听一听

由后排的两名同学分别朗读"有朋自远方来，不亦乐乎？"，前排的同学猜出朗读者的名字。

（二）读一读

阅读课本P35"音色"部分，解释我们能够区分不同的乐器的声音、不同人发出的声音的原因，总结出影响音色的因素。

（三）议一议

观看微课（【F】YYT-002不同频率声音的波形），认真观察现象，并观察课本P35的波形图，先独立思考并写出从波形图中比较声音的音调和响度的方法，根据声音的波形图来区分各种乐器的依据，然后与你的同伴交流你的方法并进行完善。

你学得怎么样

（1）唐诗《枫桥夜泊》中的名句"姑苏城外寒山寺，夜半钟声到客船"中包含着声学知识，下列对其中声现象的解释中，错误的是（　　　）。

A. 客船上的人根据音调知道是钟发出的声音

B. 客船上的人根据音色知道是钟发出的声音

C. 钟声通过空气传播到客船

D. 钟声是由钟的振动产生的

（2）居民楼的楼道里，夜间只是偶尔有人经过，楼道灯总是亮着将造成很大的浪费。科研人员利用一种"声控开关"设计自动控制电路，使得有声音时自动闭合，楼道灯亮，一分钟后，若无声音就自动断开，楼道灯灭。声控开关工作时是依据声音的（　　　）。

　　A.音调　　　　　B.音色　　　　　C.响度　　　　　D.音速

（3）下列关于声现象的各种说法中，正确的是（　　　）。

　　A.发声的物体一定在振动，振动停止，发声停止

　　B.医生用听诊器检查病人身体，是因为听诊器能放大声音

　　C.人们听不到次声波，是因为次声波的振动幅度太小

　　D.物体振动得越快，声音的传播速度越大

（4）在使用小提琴前，乐师常旋动琴弦轴以调节琴弦的松紧，俗称"定弦"，这主要是为了改变声音的（　　　）。

　　A.响度　　　　　B.音调　　　　　C.音色　　　　　D.振幅

（5）有一种新型锁——声纹锁，只要主人说出事先设计的"暗语"就能把锁打开，别人即使说出"暗语"也打不开，这种声纹锁辨别声音的主要依据是（　　　）。

　　A.音调　　　　　B.响度　　　　　C.音色　　　　　D.声速

你的收获与困惑

（1）想一想本节课你都学到了哪些新知识。

（2）你还有什么困惑、疑问？请与同桌交流（或请教老师）。

"声的利用"教学设计

你准备好了吗

（1）通过什么能提前预测到地震？

（2）医院里的"B超"是怎么回事？

（3）眼镜店里的清洗仪为什么能够自动清洗眼镜？

你将学什么

（1）声音能传递信息的例子有哪些？

（2）什么叫回声定位？

（3）利用声传递能量的例子有哪些？

一、声与信息

（一）读一读

（1）观看视频（【W】YYT-012声的利用），从课本P34中的小资料和P38、P39"声与信息"第一、二自然段中，你能否获取下面的信息：哪些动物对次声波反应灵敏？哪些动物对超声波反应灵敏？天气预报是利用声波的哪种特点怎样对将要发生台风的方位和强度进行确定的？小组内交流你的想法。

（2）观看视频（【W】YYT-013海豚的回声定位），阅读课本P38、P39"声与信息"第三至六自然段，叙述蝙蝠夜间出来活动、觅食能够准确定位的原理和过程，蝙蝠确定目标的位置和距离的方法叫什么。用提纲的方式写出你所知道的日常生活中利用了这个原理的装置。

（二）议一议

说一说医生通过"B超"获得人体内脏的图像信息的原理。你还知道哪些利用声传递信息的例子。列举出尽可能多的例子并与你的同伴交流。

二、声与能量

（一）读一读

阅读课本P39"声与能量"第一、二自然段，水面上的树叶随着水波起伏，可见树叶获得了一定的能量，分析这些能量的来源和途径，可知：波动的水能够传递能量。声波也是一种波动，你有何猜想？

（二）做一做

和同伴一起完成P40"演示实验"，并观察实验现象。实验现象说明了什么？试着写下来。

（三）读一读

观看视频（【Y】SCC-004声音能灭火），阅读课本P40"声与能量"最后一自然段和"科学世界"，写出课本和视频中声波传递能量的例子，说出你知道的生活中其他利用声波传递能量的例子。

你学得怎么样

（1）蝙蝠在飞行中发出＿＿＿＿＿＿，根据＿＿＿＿＿＿反射回来的方位和时间确定目标的位置和距离，根据这一原理，科学家发明了＿＿＿＿＿＿，用来探测鱼群，探知海深。

（2）下列事例中，不是利用声传递信息的是（　　）。

A. 远处隆隆的雷声预示着可能有一场大雨

B. 铁路工人用铁锤敲打钢轨，确定螺栓是否松动

C. 医生利用B超观察人的身体状况

D. 在打雷的时候总是先看到闪电，后听到雷声

（3）有一种电动牙刷，它能发出超声波，且超声波能直达牙刷棕毛刷不到的地方，这样刷牙干净又舒服。下列说法正确的是（　　）。

A. 电动牙刷发出的超声波不能在空气中传播

B. 超声波不是由物体振动产生的

C. 超声波的音调很低，所以人听不到

D. 超声波能传递能量

（4）声波可以用来传递信息和能量，下列事例中属于利用声波传递能量的是（　　）。

A. 播放歌曲

B. 教师讲课

C. 超声波洁牙

D. 敲打西瓜以鉴别生熟

（5）利用超声测位仪向海底垂直发射声波，经过4 s后收到回波，此处海底

有多深？

你的收获与困惑

（1）想一想本节课你都学到了哪些新知识。

（2）你还有什么困惑、疑问？请与同桌交流（或请教老师）。

"噪声的危害与控制"教学设计

你准备好了吗

（1）学习本节课前，请准备下列器材（找不到的，可以到学校实验室，请老师提供帮助）：示波器、电源、话筒、塑料泡沫、玻璃、音叉。

（2）探索活动：

① 列举出生活中让你讨厌或是不舒服的声音，说明这些声音的来源以及对你的影响。

② 与同伴交流你所列举的内容，看看你们所列举的内容中有什么异同。

你将学什么

（1）什么是噪声？噪声是如何产生的？

（2）噪声有哪些危害？

（3）如何控制噪声？

一、噪声的来源

（一）噪声的特点

1. 做一做

用塑料泡沫刮擦玻璃，描述你听到这个声音的感觉。通过示波器观察这个声波，并与音叉发出的声音进行对比。

2. 听一听

仔细听视频【W】zy-002中塑料泡沫摩擦玻璃的声音、【W】zy-004中的乐音和噪声，观看【W】zy-001中的乐音和噪声的波形。

3. 写一写

根据观察到的实验现象和你的认识，总结噪声有哪些特点，写完之后与同伴交流。

（二）噪声的定义

写一写

阅读课本42页第四自然段，复述什么是噪声。

（三）噪声的来源

说一说

根据你的认识，列举生活中的噪声，并说明这些噪声的来源。

二、噪声强弱的等级和噪声的危害

（一）噪声强弱的等级

看一看

观看视频【W】zy-003，了解噪声的等级和危害，从课本43页前三行内容中找出噪声强弱等级的单位、符号并记录下来。

（二）噪声的危害

阅读课本P43的内容和资料，用你喜欢的方式表示出不同等级噪声的危害。

三、控制噪声

（一）控制噪声的途径

1. 议一议

与同伴进行交流与合作，思考如果让你做一个设计师，你将考虑通过哪些途径控制噪声。向同伴说一说你选择这些途径的依据。

2. 做一做

把正在响铃的闹钟放入盒中，听听声音的变化。取出后，分别用报纸、海绵等不同的材料包住它，再放入盒中，听声音的变化。与同伴讨论这些做法的依据。

3. 说一说

观看视频【W】zy-004，并阅读课本44页中的内容和图片，组内交流它们分别是从哪几个途径控制噪声的。

（二）控制噪声的意义

读一读

阅读课本44页最后一个自然段，了解控制噪声对生活的意义，尽可能多地列举出处理噪声的方法。

你学得怎么样

（1）下列声音中属于噪声的是（　　）。

A. 足球比赛时球迷震耳欲聋的呼喊声

B. 交响乐团演奏的锣鼓声

C. 工人师傅在一台有毛病的柴油机旁仔细听它发出的声音

D. 上课时小林和同桌的交流声

（2）理想的声音环境是（　　）。

A. 一个无声的世界

B. 30 dB ~ 40 dB的安静环境

C. 80 dB ~ 90 dB的热闹环境

D. 100 dB以上的环境

（3）晚上当你在家复习功课，准备期中考试时，邻居在引吭高歌，对你的学习产生干扰，下列措施中无效的是（　　）。

A. 与邻居协商使其减小音量

B. 打开窗户让空气加速流动

C. 紧闭室内的门窗

D. 用棉花塞住自己的耳朵

（4）从物理学的角度来看，噪声是发声体_____振动时发出的声音；从环境保护的角度来看，凡是_____人们休息、学习和工作的声音，以及对人们要听的声音起干扰的声音，都属于噪声。建筑工地上，噪声主要来源于_____；公路上，噪声主要来源于_____。

（5）我们可以将声音分成若干等级，每一级代表一定的强度。于是我们就用_____作为声音强弱等级的单位，用符号_____来表示。为了保护听力，声音强弱的等级_____；为了保证工作和学习，声音强弱的等级_____；为了保证休息和睡眠，声音强弱的等级_____。

你的收获与困惑

（1）观看视频【W】zy-002，想一想本节课你都学到了哪些新知识。用自己喜欢的方式梳理它。

（2）你还有什么困惑、疑问？请与同桌交流（或请教老师）。

"物态变化" 教学设计

一、单元内容

本单元主要介绍了温度、物质的三态，以及三种物态之间的变化过程。通过本单元的学习，学生可以了解温度，会正确使用温度计测量温度，知道熔化和凝固、汽化和液化、升华和凝华等自然现象中蕴含的物理知识。物态变化的现象与学生的生活联系紧合，趣味性强，没有太多定量的计算。另外，本单元涉及的科学探究活动较复杂，因此安排了完整的科学探究活动——"探究固体熔化时温度的变化规律"，以帮助学生对科学探究建立完整的认识，培养科学探究能力。

温度是物理学的一个基本概念。作为热学的基本测量工具，温度计在本单元的各个实验中是不可或缺的。为了帮助学生了解温度的知识和学会使用温度计，教材首先引导学生认识到仅仅通过感觉是不可靠的，从而认识到使用测量工具（温度计）的必要性。随后通过自制温度计，帮助学生理解温度计的原理，并在此基础上，引入了摄氏温度的概念。最后，在简单介绍温度计的量程和分度值的基础上，通过实验"用温度计测量水的温度"，帮助学生掌握温度计的使用方法。通过展现物理知识之间的逻辑性，可以较好地帮助学生理解概念、掌握技能。

在认识温度的基础上，教材介绍了固态、液态和气态三种常见的物质状态，并指出随着温度的变化，物质会在各种状态之间发生变化。熔化和凝固、汽化和液化是生活中很常见的物态变化过程，因此教材先进行了介绍。通过对不同物质熔化规律进行探究，学生对于熔点和凝固点有了清晰的认识，从而建立了晶体和非晶体的概念。在介绍汽化和液化时，教材也安排了实验探究，学生通过实验了解沸点，吸、放热过程等，知道汽化除了沸腾还有蒸发。升华和凝华的介绍虽然简单得多，但也是从实验开始编排的。在"STS水循环"栏目中，借助水的物态变化过程，培养学生关心环境、节约用水的意识。

本单元的主要内容有温度、温度计及其使用、熔化和凝固、蒸发和沸腾、液化、升华和凝华。由于热现象和实际生活联系密切，命题中有较多的涉猎。由于新课程标准更加注重实验探究，温度计的使用、物态变化的图像和对各种物态变化现象的科学探究仍是教学中需要特别关注的。另外还要注意各学科知识的联系和应用，特别是数学知识在物理中的实际应用，要学会对各类图像进行分析。

二、学情分析

（1）学生对本单元内容有一定的了解，对一些物态变化现象并不陌生，且教学要求不高，主要是了解一些基本的规律，然后应用这些规律解决生产和生活中某些简单的问题，理解起来并不困难。所以，要将培养学生的设计能力、动手实验能力和合作探究能力作为本单元的教学重点。

（2）对于"白气"就是"水蒸气"、摸起来热的物体温度一定高、摸起来冷的物体温度一定低等学生凭自己的主观想象或经验、感受获得的错误信息，教师要及时纠正，要鼓励学生多动手实践并互相交流讨论，让学生真正理解这些知识。

（3）学生虽然熟悉生活中的各种物态变化现象，但区分起来，却不知从何入手，教师可多举例，讲明分析的思路和判断的依据。

（4）有些学生在实验过程中观察不够仔细或没有耐心，教师可适当引导，如注意物态变化前后温度的变化、出现了什么现象等，让学生自己去发现、归纳，从而激发学生学习的积极性。

三、课标要求

（1）描述固、液和气三种物态的基本特征。列举自然界和生活中不同状态的物质及其应用。

（2）说出生活环境中常见的温度值。了解液体温度计的工作原理，会用常见温度计测量温度。尝试对环境温度问题发表自己的见解。

（3）经历物态变化的实验探究过程，知道物质的熔点、凝固点和沸点，了解物态变化过程中的吸热和放热现象。用物态变化的知识说明自然界和生活中的有关现象。

（4）用水的三态变化说明自然界中的一些水循环现象。了解我国和当地的水资源状况，有关心环境和节约用水的意识。

四、单元学习目标

（1）知道温度及摄氏温度的规定。

（2）通过观察和实验，了解温度计的结构及其工作原理。

（3）会用温度计测量温度。

（4）了解一些生活环境中常见的温度值，感受物理与生活的紧密联系。

（5）通过"用温度计测量水的温度"的实验，学会温度计的使用方法，体会观察和测量的意义。

（6）能区别物质的气态、液态和固态三种形态，知道物质的固态和液态之间是可以转化的。

（7）了解熔化和凝固，能用熔化和凝固的知识解释生活中的现象。

（8）知道熔化曲线和凝固曲线的物理含义。知道晶体和非晶体的区别。

（9）通过探究实验，学会用图像探究物理规律的方法。

（10）知道物质的液态和气态之间是可以转化的。了解汽化和液化，解释生活中的有关现象。

（11）能通过实验观察水的沸腾现象，了解沸点的概念。

（12）能区别沸腾和蒸发。

（13）能通过实验，用图像描述水沸腾时温度的变化情况。知道沸腾图像的物理含义，进一步体会图像在探究物理规律中的作用。

（14）通过观察碘的升华与凝华实验，了解物质的固态和气态之间是可以直接转化的。

（15）知道升华和凝华，了解升华要吸热，凝华要放热。

（16）能用升华和凝华的知识解释生活中的现象。

（17）了解水循环过程中水的三态变化，培养关心环境和节约用水的意识。

五、单元情境

想要把水烧开，要用热源对水加热，可是热源如果热过头了，水反而不会再吸收热量了，这被称为"莱顿弗罗斯特效应"，是德国医生和神学家约翰·莱顿弗罗斯特（Johann Leidenfrost）于1751年发现的。比如炒菜时，先把平底锅加热，再倒上水，你会发现水滴会悬浮在锅底上滑来滑去，维持一段时间的液态而不是迅速蒸发成水蒸气。因此，在需要对高温物体快速降温时，水反而不是一种很好的传热介质。最近的一项研究提供了替代方案：不要用水，而要用冰传热。2022年1月博瑞科发表在《物理评论·流体》的一篇论文中提到，研究人员发现了一件好玩的事情：如果想要把热量从热源上迅速地转移，你不应该往热源上加水，而应该加冰。冰接触热源时，下部的融水层保持液态持续吸热，全部融化后，才会出现"莱顿弗罗斯特效应"。博瑞科解释说，冰难以产生"莱顿弗罗斯特效应"其实是一件好事，这种情况下传热效率更高。所以，对于热传递来说，"莱顿弗罗斯特效应"是很糟糕的。

博瑞科还预见了这种热传导方法在消防上的应用潜力。他说："你可以想象一下，用一根特制的软管来喷洒冰屑，而不是喷水，这样可以更高效地扑灭明火。这不是小说剧情，我参观过一家拥有冰管道的航空公司，他们已经有了这种技术，用喷嘴喷射出冰粒而不是水滴来灭火。"

如果想体验一下冰不发生"莱顿弗罗斯特效应"带来的好处，下次在炒菜前需要加水时，可以换做加冰试一试。

要想了解更多神奇的物态变化，让我们一起学习本单元知识吧！

六、单元学科素养

（1）物理观念：

十五个概念——温度、物态变化、熔化、凝固、晶体、非晶体、熔点、凝固点、汽化、液化、蒸发、沸腾、沸点、升华、凝华。

两个区别——晶体和非晶体的区别、蒸发和沸腾的区别。

（2）物理思维：两种方法——控制变量法、图像法。

（3）科学探究：三个实验——用温度计测量水的温度、探究固体熔化时温度的变化规律、探究水沸腾时温度变化的特点。

（4）科学态度与责任：通过对生活中常见现象的深入探究和理解，掌握物理规律，认识科学本质，形成探索自然的内在动力。

七、学习导航

以下为学习导航表格（表6-5-1）。

表6-5-1

单元名称	学习内容	学习任务	学时
物态变化	1.温度和温度计	1.理解温度的概念，了解温度计的结构及工作原理。 2.会使用温度计、体温计测量温度。 3.知道生活中常见的温度值，尝试对环境温度问题发表自己的见解。 4.通过"用温度计测量水的温度"实验，了解温度计的使用方法	1
	2.物态变化	1.会描述固、液和气三种物态的基本特征，通过具体实例了解三种物态是可以相互转化的。 2.了解熔化和凝固，能用熔化和凝固的知识解释生活中的现象。 3.知道液态和气态之间是可以相互转化的，了解汽化和液化现象。 4.能区别蒸发和沸腾，了解液化的方法。 5.了解物质的固态和气态之间是可以直接相互转化的。 6.知道升华和凝华的概念及特点，知道升华吸热、凝华放热。 7.能用升华和凝华的知识解释生活中的现象	2
	3.探究固体熔化时温度的变化规律	1.通过探究固体熔化时温度的变化规律，感知物质发生状态变化的条件。 2.知道晶体和非晶体的区别，知道晶体、非晶体熔化（凝固）时的图像特点。 3.知道不同晶体的熔点不同、同种晶体的熔点和凝固点相同	1
	4.探究水沸腾时温度变化的特点	1.能通过实验观察水的沸腾现象，了解沸点的概念。 2.能用图像描述水沸腾时温度的变化情况，理解沸腾的条件及图像的意义	1

"汽化和液化"教学设计（一）

学习目标

（1）什么是汽化、液化？

（2）水沸腾时的特点是什么？什么是沸点？其影响因素有哪些？

（3）蒸发为什么可以制冷？影响蒸发快慢的因素有哪些？

（4）列举自然界和日常生活中的汽化和液化现象。

（5）能运用汽化和液化知识说明自然界和生活中的有关现象。

（6）能区别沸腾和蒸发。

怎样学

想想做做

（1）学习要求：小组合作完成教材P58"想想做做"，你看到了什么现象？怎样解释这些变化？

（2）阅读教材P58"想想做做"下面的内容，初识并记忆下面两个知识点，然后随机提问。

① 什么是汽化和液化？

② 什么是沸腾？

一、沸腾

（一）提出问题

沸腾跟蒸发的特点一样吗？水在沸腾时有什么特征？水沸腾后如果继续加热，温度会如何变化？

（二）制定计划与设计实验

根据课本P58、P59"沸腾实验"的内容，设计实验与制订计划。

（1）实验器材：略。

（2）实验操作步骤：略。

（3）观看水的沸腾的实验视频，将数据记录在表格中，画出温度—时间关系图像，观察温度—时间图像，分析特点，你能得出什么结论？

（三）评估与交流

（1）如何减少加热时间？

（2）水沸腾过程中，水中的气泡有什么变化特点？

（3）水沸腾后温度还在升高吗？沸腾后水是否在继续吸收热量？

（4）什么是沸点？实验中你还发现了什么问题？发表一下你的观点。

读一读

请阅读课本P60的"小资料"，了解部分液体的沸点。为什么表格上方的括号中要强调是标准大气压下液体的沸点？结合你在实验中测得的水的沸点及视频内容，尝试分析液体沸点与气压有怎样的关系，思考高压锅的工作的原理。

二、蒸发

阅读课本P60"蒸发"部分，思考并回答：什么是蒸发？汽化有哪两种形式？

想想做做

（1）阅读课本P60下面的"想想做做"，进行实验并仔细记录实验现象，交流并总结蒸发的作用。

（2）蒸发和沸腾的异同点是什么？

（3）生活中有哪些蒸发现象？你能解释这些现象吗？

三、液化

学习要求：阅读教材P61"液化"部分内容，初识并记忆下面四个知识点。

（1）液化与汽化的关系。

（2）液化的条件。

（3）生活中常见的液化现象。

（4）使气体液化的两种方法。

开动脑筋

（1）思考：100 ℃水蒸气的烫伤比100 ℃开水的烫伤更严重，这是为什么？

（2）请阅读课本P62的"科学 技术 社会"，尝试用汽化和液化的知识简单解释电冰箱的制冷过程。

你学得怎么样

（1）下列关于液体沸腾的说法错误的是（   ）。

A. 沸腾是只在液体表面发生的剧烈的汽化现象

B. 沸腾只有在一定温度下才能发生

C. 液体在沸腾过程中要吸热

D. 液体沸腾过程中，温度保持不变

（2）下列四个实例中，能够使蒸发加快的是（   ）。

A. 将水果放在低温冷藏柜中

B. 将新鲜的蔬菜封装在保鲜袋中

C. 给播种后的农田覆盖地膜

D. 将新采摘的辣椒摊开晾晒在阳光下

（3）请观察，用水壶烧水，水烧开后能看到壶嘴周围有"白气"产生，其中a、b两位置有一处"白气"较浓（图6-6-1）。以下关于"白气"的描述正确的是（   ）。

A. 它是水蒸气，a处较浓

B. 它是水蒸气，b处较浓

C. 它是小水滴，a处较浓

D. 它是小水滴，b处较浓

图6-6-1

（4）拓展作业：请你利用蒸发吸热制冷的作用设计一个不用电的低碳"小冰箱"用来保存食物，可以用文字描述和画图相结合的方式进行展示。（选做）

（5）在"观察水的沸腾"的实验中，现有如下数据（表6-6-1）：

表6-6-1

时间/min	0	1	2	3	4	5	6	7	8
温度/℃	90	92		96	98	98	98	98	98

① 组装如图6-6-2甲所示装置，用酒精灯对一定量的水进行加热。当水温升高到90 ℃时，每隔1 min记录一次水的温度，直到水沸腾后再持续几分钟为止，数据记录如表6-6-1所示。第2 min时，温度计示数如图6-6-2乙所示，此时水的温度是_____℃。

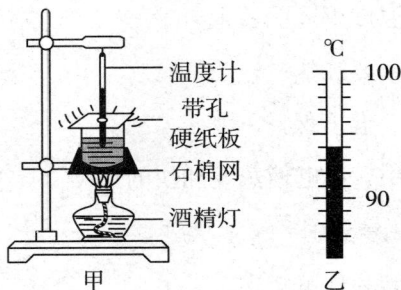

图6-6-2

② 图6-6-3中图_____（选填"a"或"b"）是水在沸腾时的情况。分析表中数据可知：此时水的沸点为_____℃；水在沸腾过程中，温度将_____（选填"升高""降低"或"不变"）。

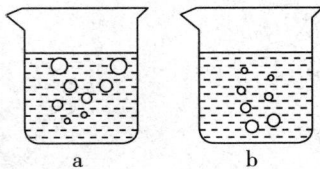

图6-6-3

③移去酒精灯后，水停止沸腾，温度计示数仍为98 ℃，继续加热，水又重新沸腾，说明水沸腾时，需继续_____（选填"吸热"或"放热"）。

你的收获与困惑

（1）请你用提纲的方式梳理本节所学的知识。

（2）你还有什么困惑、疑问？请与老师或同伴交流。

自主探究学习卡

（一）基本信息

班级_____　　　　小组成员_____

日期_____

（二）课题：探究水沸腾的特点

（三）实验记录

填写实验信息记录表（表6-6-2）。

表6-6-2

时间/min	0	0.5	1	1.5	2	2.5	3	3.5	4	4.5	5	5.5	6
温度/℃	90												
水中气泡变化（大小、多少）情况	沸腾前： 沸腾时：												

（四）结论

请根据以上实验信息，写出沸腾的特点。

（五）绘制水沸腾时的温度—时间图像

根据实验记录绘制图像（图6-6-4）。

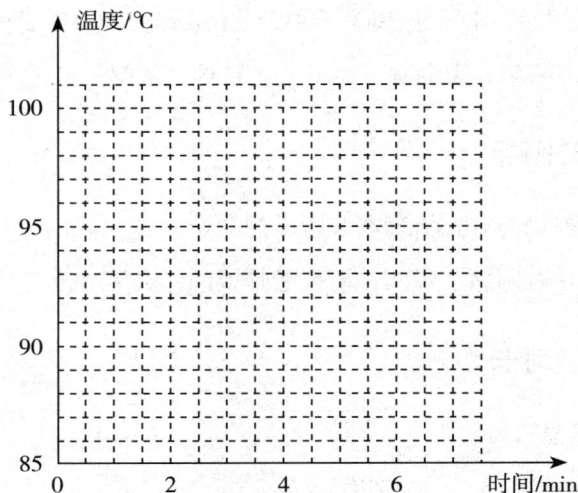

图6-6-4

"汽化和液化"教学设计（二）

一、学习目标

（1）什么是汽化、液化？

（2）水沸腾时的特点是什么？什么是沸点？其影响因素有哪些？

（3）蒸发为什么可以致冷？影响蒸发快慢的因素有哪些？

（4）列举自然界和日常生活中的汽化和液化现象。

（5）能运用汽化和液化知识说明自然界和生活中的有关现象。

（6）能区别沸腾和蒸发。

二、教材分析

教材从生活实际出发，先通过学生熟悉的事例"洒在地上的水过一会就不见了，晾在阳光下的湿衣服不久后也干了"让学生感知汽化现象，然后通过

"想想做做"栏目来引入汽化和液化的概念。教学中，可以按教材的编写思路引入概念，也可以在复习熔化和凝固的基础上引入概念。

教材重点突出"探究水沸腾时温度变化的特点"的实验探究过程。虽然沸腾现象对于学生来说并不陌生，但其发生的全过程学生未必很清楚，沸腾时有什么特征学生不一定了解。与蒸发现象相比，沸腾是非常壮观的一种物理现象，它是液体内、外同时发生的剧烈的汽化现象，教师要注意引导学生观察。在探究过程中，为了节省时间，可就"如何让水尽快沸腾"的问题让学生展开讨论，突出实验的设计思想，提高学生的信息收集能力。由于受大气压的影响，高原地区测量出水的沸点值低于100 ℃，教师可结合教材"小资料"中的文字"在标准大气压下"，作简单说明。

因为小学科学已经对蒸发现象进行过定性的研究，教材对于蒸发的介绍就没有涉及影响蒸发快慢的因素。教材通过在手背擦上酒精后会感到凉、夏天在地面上洒水会感到凉快等例子，体现汽化吸热的作用。

教学中，在得出沸腾的特征和温度变化规律后，可以再将沸腾和蒸发现象加以比较，找出它们的相同点和不同点，渗透研究物理问题的科学方法。

三、教学器材

教学器材：塑料袋、酒精、水槽、热水、铁架台、温度计、烧杯、石棉网、酒精灯、硬纸板、一张光滑的厚纸、扇子、秒表、演示用温度计、胶头滴管、毛玻璃片，以及多媒体课件，包含视频《影响蒸发快慢的因素》《酒精能使温度计的示数发生变化吗》《气体液化的两种方式》《纸锅烧水》等。

四、教学过程

以下是"汽化与液化"教学过程表（表6-7-1）。

表6-7-1

教学过程		
教学内容	教师活动	学生活动
引入新课	【演示】 教师用粉笔蘸些酒精，在黑板上写"汽化"两个字，让学生观察现象。 开始看不清黑板上写出的字，过一会儿，白色的粉笔字"汽化"就明显了。这是为什么呢？原来是酒精蒸发掉了。 同学们在生活中见过类似的现象吗？ 【学生列举汽化实例】 洗衣服后，将衣服晾晒干（图6-7-1），人们常用酒精为高烧病人降温（图6-7-2），等等。 图6-7-1　　　　图6-7-2 【小结】这些现象都是水（酒精）和水（酒精）蒸气之间的相互转化——汽化和液化，今天学习"3.3汽化和液化"。	观察实验现象，思考原因。列举汽化实例。
新课教学 （一）汽化和液化	【想想做做】 在透明塑料袋中滴入几滴酒精，将袋挤瘪，排尽空气后用绳把口扎紧，然后放入热水中（图6-7-3），你会看到什么变化？从热水中拿出塑料袋，放入冷水中，过一会儿又有什么变化？怎样解释这些变化？ 图6-7-3 现象：把塑料袋放入热水中，塑料袋里的酒精不见了，而塑料袋却马上鼓起；从热水中拿出塑料袋，过一会儿，塑料袋瘪了，袋里又有酒精了。	观察实验现象，思考酒精为什么会反复出现？

教学过程		
教学内容	教师活动	学生活动
新课教学 （一） 汽化和液化	让学生讨论交流：酒精到哪里去了？为什么塑料袋会鼓起来？酒精为什么会失而复得？ 【归纳总结】塑料袋中的液态酒精受热后变成了气态酒精，降温后气态酒精又变成了液态酒精。 阅读教材P58"想想做做"下面的内容，初识并记忆下面两个知识点：①什么是汽化和液化？②什么是沸腾？ 【学生总结，教师规范】 汽化和液化（图6-7-4）。 液态 ⇌（汽化／液化）气态 图6-7-4 汽化：物质从液态变成气态的过程叫作汽化。 液化：物质从气态变成液态的过程叫作液化	小组交流讨论，代表回答。 知道汽化、液化的概念
新课教学 （二） 沸腾	汽化有两种方式：蒸发和沸腾。 1.沸腾的概念 【提问】你在家烧过开水吗？水沸腾时你发现了什么现象？对于沸腾现象，你还了解哪些？你能描述一下沸腾现象吗？ 【学生总结，教师规范】 沸腾：物理学中把液体内部和表面同时发生的剧烈汽化现象称为沸腾。 2.水沸腾时温度变化的特点 下面我们一起来探究水沸腾时温度变化的特点。 　　　　学生实验——探究水沸腾时温度变化的特点 【师生互动】 （1）提出问题 水在沸腾时有什么特征？水沸腾后如果继续加热，是不是温度会越来越高？水的内部又是怎样的呢？气泡的生成和变化情况怎么样？ （2）猜想和假设 沸腾是日常生活中大家都非常熟悉的现象，教师可以让同学们相互讨论、思考和猜想，将学生提出的问题和猜想列在黑板上，并进行归类，如：水沸腾时会产生很多气泡，水沸腾时温度会上升，停止加热水不会沸腾……	小组讨论回答。 小组相互讨论、思考和猜想，代表进行发言。

教学过程		
教学内容	教师活动	学生活动
新课 教学 （二） 沸腾	（3）设计实验 ①实验器材：铁架台、酒精灯、火柴、石棉网、烧杯、中心有孔的纸板、温度计、水、钟表。 ②实验装置（图6-7-5）。 图6-7-5 （4）进行实验与收集证据 ①按照自下而上的顺序安装实验装置。 ②将适量的水倒进烧杯里，用酒精灯外焰给水加热并观察发生的变化：水的温度、水发出的声音、水中的气泡变化等。 ③用90 ℃的水进行实验，每隔0.5 min记录一次温度，并观察水的沸腾现象。 水沸腾后再记录几次，并观察水沸腾时气泡的变化情况。 ④停止加热，观察水是否继续沸腾。 根据记录的温度值（表6-7-2），作出水的沸腾图像（图6-7-6）。	小组讨论并展示实验方案。 学生分工，一人看表计时，一人读温度。 进行实验，把数据及观察到的现象记入表格中。

温度计
纸板
盛水烧杯
石棉网

表6-7-2

时间/min	0	0.5	1	1.5	2	2.5	3	3.5	4	…
温度/℃	90	92	94	96	98	100	100	100	100	…

水中气泡 变化情况	沸腾前：气泡上升时逐渐变小，未到水面就消失不见了
	沸腾时：形成大量气泡不断上升、变大，到达水面时破裂

教学过程		
教学内容	教师活动	学生活动
新课教学（二）沸腾	图6-7-6 ⑤沸腾前后，水中气泡变化情况（图6-7-7）。 沸腾前　　沸腾后 图6-7-7 （5）分析论证 ①水沸腾前，水中形成的气泡在上升过程中逐渐变小，以致未到液面就消失了；沸腾时，水中形成大量的气泡，气泡上升、变大，到达水面时破裂，将气泡内的水蒸气散发到空气中。这说明沸腾是在液体内部和液体表面同时进行的剧烈汽化现象。 ②由图6-7-6可以看出：沸腾前，水的温度不断上升；沸腾时，水的温度保持不变。实验中，水沸腾时的温度是100℃。 ③停止加热，水不能继续沸腾。可见，沸腾过程中需要吸热。 【学生总结，教师规范】 从实验现象和图像得出实验结论（图6-7-8）。	作出水沸腾时温度变化的图像。 描述沸腾前后，水中气泡变化情况。 分析实验现象和图像，得出实验结论。

教学过程		
教学内容	教师活动	学生活动
新课教学 （二）沸腾	对水加热，水的温度不断升高，达到某一温度时，水开始沸腾，此后，虽然继续对水加热，但水的温度不再升高，停止加热后，水的沸腾停止。 图6-7-8 （6）评估 回顾各个环节，认为这些探究还有哪些不足和疏漏的地方，提出来，并尝试说出改进的措施。 实验中受大气压影响，水的沸点不一定是100 ℃。 总结小组的实验情况，说出自己的发现及实验中尚未解决的问题：开始时，水升温快，快要沸腾时升温慢了；沸腾时，如果把纸板移开，水的沸点会下降，盖上纸板，沸点就会升高。 （7）合作与交流 探究活动中，两同学分工合作，一人看表计时，一人读出温度并记录在表格中。 （8）实验注意事项 ①安装实验装置时，温度计的玻璃泡不能碰到容器底或容器壁，应该用酒精灯的外焰加热。 ②为了节约能源又让水尽快沸腾，可以采取以下措施：用大约90 ℃的热水、加盖、烧杯中水要少点（以温度计的玻璃泡能浸没水中为宜）。 3.沸点 （1）观察探究 沸点是液体沸腾时的温度。液体沸腾的条件：①温度达到沸点；②继续吸收热量。 【提问】液体的沸点变不变？与什么因素有关？ 【视频演示】使烧瓶中的水沸腾，移去酒精灯，水会停止沸腾。迅速塞上瓶塞，把烧瓶倒置并向瓶底浇冷水（图6-7-9）。 可以看到什么现象？说明什么问题？	进行评估：回顾各个环节，找出这些探究还有哪些不足和疏漏的地方，思考如何改进。 观察实验现象，思考原因。

教学过程		
教学内容	教师活动	学生活动
新课 教学 （二） 沸腾	图6-7-9 现象：烧瓶中的水重新沸腾。 分析：在向瓶底浇冷水后，瓶内气体遇冷，气压减小，同时水的温度降低。此时水又沸腾，说明水的沸点降低了。 【归纳结论】 液体的沸点与气压有关。气压减小，沸点降低；气压增大，沸点升高。 （2）沸点表 【指导阅读】小资料——标准大气压下几种液体的沸点（表6-7-3） 表6-7-3 应用见下表 【归纳】 由沸点表看出： ①不同的液体的沸点是不同的。 ②1个标准大气压下的水的沸点是100 ℃。 ③同一种液体的沸点与大气压有关。 （3）应用 【提问并思考】 ①用火烧水煮鸡蛋，当锅内水沸腾后，是继续用大火加热还是改用小火？试用本堂课所学的知识说说你的理由。 分析：大火和小火的效果相同。因为水沸腾后，继续吸热但温度不变，保持在沸点。所以还是用小火更省燃料，还环保。	观看视频，小组讨论，代表回答。进一步理解水的沸点

表6-7-3

液体	沸点/℃	液体	沸点/℃	液体	沸点/℃
液态铁	2 750	甲苯	111	液态氧	−183
液态铅	1 740	水	100	液态氮	−196
水银	357	酒精	78	液态氢	−253
亚麻仁油	287	液态氨	−33.4	液态氦	−268.9

	教学过程	
教学内容	教师活动	学生活动
新课 教学 （二） 沸腾	②高压锅的工作原理是什么？ 锅内气压越大，液体的沸点越高，可以提高锅内的温度。 【视频演示】纸锅烧水 我们用一张光滑的厚纸，做成小纸锅，纸锅里装些水，放到火上加热。给纸锅加热一会儿后，水沸腾了，而纸锅并没有燃烧（图6-7-10）。 图6-7-10 【分析】因为纸的着火点大约是183 ℃，而水烧开时的温度约为100 ℃不变，水烧开时继续吸收的热量用于汽化，温度不再升高，保持沸点的温度，没有达到纸的着火点，所以纸不会燃烧起来	
新课 教学 （三） 蒸发	阅读教材P60的内容，初识并记忆下面三个知识点。 （1）什么是蒸发（或蒸发的特点是什么）？ （2）加快蒸发的方法。 （3）蒸发在实际生活中的应用。 1.蒸发的概念 【学生总结，教师规范】 蒸发：蒸发是在任何温度下都能进行的并且只在液体表面发生的缓慢的汽化现象。 2.影响蒸发快慢的因素 衣服干得速度不一样，蒸发的快慢和什么因素有关系呢？ 【想想做做】液体蒸发的快慢和哪些因素有关？ 实验器材：酒精、温度计、扇子。 【学生实验】 （1）把酒精擦在手背上有什么感觉？为什么会有这样的感觉？ 现象：擦酒精的皮肤有凉的感觉。 说明：酒精蒸发时要从人的皮肤上吸收热量，使皮肤感到凉。	阅读课本自主思考回答。 通过亲身实验，了解影响蒸发快慢的因素。

续　表

教学内容	教学活动	学生活动
新课教学 （三）蒸发	（2）把酒精反复涂在温度计的玻璃泡上，用扇子扇，温度计读数有什么变化？如果温度计上不涂酒精，用扇子扇，温度计读数会变化吗？ 现象：温度计的玻璃泡上有酒精，用扇子扇，温度计示数先下降后上升。如果温度计上不涂酒精，温度计读数不会变化。 说明：酒精蒸发时要从温度计的玻璃泡上吸收热量，使温度计示数下降。 【实验结论】 （1）影响蒸发快慢的因素 ①液体的温度越高，蒸发得越快。 ②液体的表面积越大，蒸发得越快。 ③液体表面上的空气流动得越快，蒸发得越快。 （2）液体蒸发吸收热量 液体在蒸发过程中吸热，致使液体和它依附的物体温度下降，所以液体蒸发有制冷作用。 【学生思考并回答】 ① 人游泳之后刚从水中出来时，即使在太阳下，为什么也会感觉比在水里还冷？ 分析：游泳后上岸，风加快了皮肤表面空气的流动，从而加快了人身上水的蒸发速度，加快了吸收皮肤的热量，使得皮肤温度下降（图6-7-11）。 图6-7-11 ②在炎热的夏天，狗常常会伸出舌头，你知道这是为什么吗？ 分析：狗无汗腺，不能靠出汗来散热，只能伸长舌头，大口喘气，靠加快呼吸增加蒸发来散热（图6-7-12）。	

教学内容	教师活动	学生活动
	教学过程	

教学内容	教师活动	学生活动
新课教学 （三） 蒸发	图6-7-12 3.蒸发与沸腾的比较（表6-7-4） 表6-7-4	学生讨论回答

比较		蒸发	沸腾
相同点		都是汽化现象且要吸热	
不同点	发生部位	液体表面	内部及表面同时进行
	温度条件	任何温度	达到沸点
	剧烈程度	缓慢	剧烈
	温度变化	降低	不变
	影响因素	液体的温度、表面积和表面上的空气流动快慢	液面上气压的大小

教学内容	教师活动	学生活动
新课教学 （四） 液化	阅读教材P61液化部分内容，初识并记忆下面三个知识点。 （1）液化与汽化的关系。 （2）液化的条件。 （3）生活中常见的液化现象。 1.液化的概念 【思考并回答】"白气"是水蒸气吗？ 水蒸气是看不见的无色无味气体。"白气"是空气中的水蒸气遇冷液化成的小水珠，这是液化现象。 【归纳】 液化：物质从气态变为液态叫液化。 2.液化的条件 【学生解释现象】 雾、露的形成原因： 雾、露都是空气中的水蒸气液化的液态水（小水滴）。傍晚或夜间，地面附近或地表的温度降低，空气中的水蒸气遇冷液化成小水珠，依附在草木上，就形成了露，依附在浮尘上，就形成了雾。	学生自主学习并回答。

教学过程		
教学内容	教师活动	学生活动
新课教学 （四） 液化	【学生解释现象】 北方的冬天，人们嘴里会呼出"白气"，而夏天却不会，这是为什么呢？ 冬天北方很冷，嘴里呼出的温度高的水蒸气遇冷液化变成了小水珠；夏天气温高，水蒸气不会液化成小水珠。 说明：降低温度可以使气体液化。所有的气体，在温度降到足够低的时候，都可以液化。 在一定温度下，压缩气体的体积也可以使气体液化。 【学生归纳总结】 气体液化的方法：①降低温度；②压缩体积。 对于有些气体，单独使用压缩体积的方法不能使它液化，要同时使用压缩体积和降低温度的方法才能使它液化。 3.气体液化的实例 在一定温度下，将气体液化的最大好处是体积缩小，便于储存和运输。 火箭中作燃料和助燃剂的氢和氧（图6-7-13），液化石油气（图6-7-14），都是以液体装在火箭和气罐里的。 图6-7-13　　　　　图6-7-14 4.液化放热 液体汽化时是吸热，液化时是吸热还是放热呢？因为液化是汽化的逆过程，所以气体液化时是放热。 【学生思考并回答】 被100 ℃的水和100 ℃的水蒸气烫伤，哪个更严重？ 水蒸气液化时要放出大量的热，放了这些热之后才变成100 ℃的水，其还能继续对人造成烫伤。所以被100 ℃的水蒸气烫伤比100 ℃的水烫伤更严重（图6-7-15）	阅读课本，回答液化有哪些方法。 举出气体液化的实例。 想想议议，小组选出代表回答

续 表

教学过程		
教学内容	教师活动	学生活动
新课 教学 （四） 液化	 图6-7-15	
【科学、 技术、社 会】	电冰箱与臭氧层 【自主阅读】学生阅读教材P62的内容，了解电冰箱的原理，知道电冰箱对臭氧层的破坏。 【归纳】 （1）电冰箱的工作原理 冰箱中热的"搬运工"（制冷剂）是一种既容易汽化又容易液化的物质。 液态的工作物质经过毛细管，进入冰箱冷冻室的管子汽化、吸热，使冰箱内温度降低（图6-7-16）。 图6-7-16 然后汽化的蒸气被压缩机压入冷凝器，在这里液化，并把从冰箱内带来的热通过冰箱壁上的管子放出。制冷剂这样循环流动，冰箱冷冻室里就可以保持很低的温度。	阅读教材P62的内容，了解电冰箱的制冷原理，知道电冰箱对臭氧层的破坏作用

续 表

教学过程		
教学内容	教师活动	学生活动
【科学、技术、社会】	电冰箱中的物态变化：冷冻室—汽化吸热、冷凝器—液化放热。 （2）电冰箱对臭氧层的破坏作用 传统的冰箱制冷剂使用氟利昂R12，当电冰箱损坏后，这种氟利昂扩散到大气中，会破坏臭氧层，对地球的生态环境构成威胁。目前我国主要使用对臭氧层破坏较小的R134a、R600a等新型物质作为冰箱的制冷剂	
课堂练习	火箭发射时，为了保护发射台的铁架不被火箭向下喷射的高温火焰所熔化，工作人员在台底建造了一个大水池。高温火焰喷到水中时，产生了迅速扩展的庞大的白色"气团"，在这一过程中包含的物态变化是_____和_____。 【答案】汽化，液化。 【解析】当高温火焰喷到池中的水时，水因吸热会发生汽化，由水变成水蒸气；大量的水蒸气升空后遇冷又会发生液化，由水蒸气变成小液滴（白色"气团"）	
板书设计	第3节　汽化和液化 一、汽化 1.汽化：物质从液态变成气态的过程。 2.汽化的两种方式：蒸发和沸腾。 二、沸腾 1.沸腾是在液体内部和表面同时进行的剧烈的汽化现象。 2.沸点：各种液体在沸腾时都有确定的温度，这个温度叫作沸点。 3.沸腾的条件：温度达到沸点，继续吸热。 三、蒸发 1.蒸发：在任何温度下而且只在液体表面发生的缓慢的汽化现象。 2.影响蒸发快慢的因素：①液体表面的温度；②液体的表面积；③液体表面上的空气流动速度。 3.蒸发吸热。 四、液化 1.液化：物质从气态变成液态的过程叫作液化。 2.液化的方法：①降低温度；②压缩体积。 3.液化放热	

教学内容	教师活动	学生活动
	教学过程	
课堂小结	以下是汽化和液化的课堂小结（图6-7-17） 汽化定义：物质从液态变为气态的过程叫汽化 汽化方式 沸腾 　定义：在一定的温度下，液体内部和表面同时进行的剧烈的汽化现象 　发生条件：达到沸点且继续吸热 　特点：沸腾时温度不变，但仍吸热 　沸点：液体沸腾时的确定的温度，沸点随气压的升高而升高，随气压的降低而降低 蒸发 　定义：只在液体表面进行的缓慢的汽化现象 　发生条件：任何温度下都可以蒸发 　影响蒸发快慢的因素：液体的温度、液体的表面积、液体表面空气的流速 液化 　定义：物质从液态变为气态的过程 　液化方法：降低温度、压缩体积 　特点：液化放热 图6-7-17	
作业	基础题：课本P63第1、2、3题。拓展题：利用蒸发吸热设计一个不用电的简易"小冰箱"	

自主探究学习卡

（一）基本信息

班级＿＿＿＿＿＿＿＿　　　　小组成员＿＿＿＿＿＿＿＿＿

日期＿＿＿＿＿＿＿＿

（二）课题：探究水沸腾的特点

（三）实验记录

填写实验信息记录表（表6-7-5）。

表6-7-5

时间/min	0	0.5	1	1.5	2	2.5	3	3.5	4	4.5	5	5.5	6
温度/℃	90												
水中气泡变化（大小、多少）情况	沸腾前： 沸腾时：												

（四）结论

请根据以上实验信息，写出沸腾的特点。

（五）绘制水沸腾时的温度—时间图像

根据实验记录绘制图像（图6-7-18）。

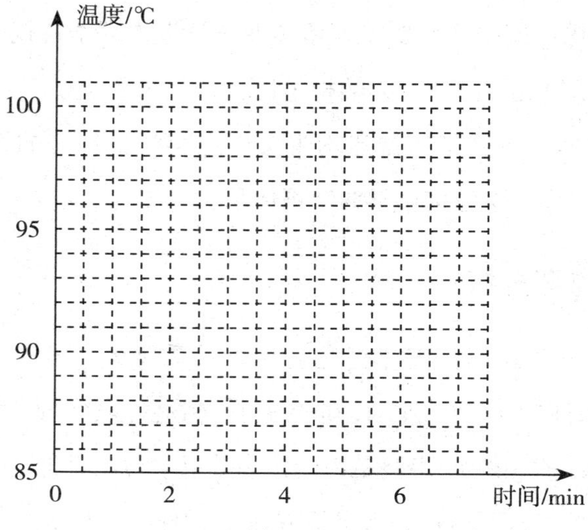

图6-7-18

"牛顿第一定律"的说课

大家好，今天我说课的题目是"牛顿第一定律"，接下来我将从以下几个方面进行说课：

（1）教学背景说明。

（2）教学内容分析。

（3）学习者分析。

（4）教学目标及重难点。

（5）教学设计思路说明。

（6）教学过程。

（7）教学反思。

一、教学背景说明

（1）指导思想：依据课标要求，切实促进学生物理学科核心素养的全面发展和方式变革，认真完成立德树人的根本任务。

（2）理论依据：主要是依据建构主义思想及学生现有的知识水平创设情境，通过探究，引导学生建构科学的知识体系。

二、教学内容分析

（1）知识上：牛顿第一定律把运动和力联系起来，揭示了力与运动的关系，即"力是改变物体运动的原因，惯性是保持物体运动的原因"。

（2）地位上：牛顿第一定律是力的作用效果学习的延伸，为后面学习二力平衡、压力、浮力等打下基础，并起到承前启后作用。因此，牛顿第一定律的学习会影响整个物理课程中力学部分的学习。

（3）方法上：有利于对"实验+科学推理"这一重要科学研究方法的进一步认识。

三、学习者分析

（1）认知上：学生已学习过机械运动、力学的一些简单知识，为本节课的学习做好了铺垫，但学生生活经验中的原有认识是"力是物体运动的原因"，与本节知识相矛盾。因此，应利用学生头脑中原有的错误认识，激发学生认知冲突，引导学生发现并解决问题，打破头脑中的错误观念，建立新的正确认知。同时，这有利于学生建立严谨、完整的知识体系。

（2）情感上：学生经过一段时间的物理学习，已经具备一定的实验技能，这为本节课的实验探究打下基础。同时，初二的学生正处于感性认识向理性思维发展的阶段，对物理实验充满期待，对新鲜事物充满好奇，所以教师在课堂上要为学生创造条件和机会，通过启发、引导等方式帮助学生利用实验+科学推理的方法探究牛顿第一定律，发挥学生学习的主动性。

四、教学目标及重难点

（一）教学目标

（1）通过分组实验，知道阻力对物体运动的影响。

（2）经历"探究实验+科学推理"的理想实验过程，初步认识牛顿第一定律，理解运动和力的关系。

（3）通过生活经验和大量的事实认识一切物体都具有惯性，会用物体的惯性解释生活和自然中的有关现象。

（二）重难点

（1）重点：通过实验探究+科学推理的理想实验过程认识牛顿第一定律。

（2）难点：建立牛顿第一定律的科学推理过程。

五、教学设计思路说明

本节课以两条线索进行教学，一条线索是以问题为导向的探究式理想实验，探究牛顿第一定律，使学生体验牛顿第一定律的探究过程，真正理解牛顿第一定律。另外一条线索是依据牛顿第一定律建立的简史，梳理牛顿第一定律建立过程中的几个重要节点，培养学生对伟人的敬仰之情，同时培养学生敢于质疑、认真求实的科学态度。最后，本节课以牛顿第一定律为根本，将物理与生活紧密联系在一起，引导学生从生活走向物理，最终落实物理学科教学的基本理念。

六、教学过程

（一）阻力对物体运动的影响

1. 创设情境，提出问题

观察与思考——创设情境

演示小实验：

（1）用手推小木块，推就动，不推就不动。

（2）用尺子击打小木块，小木块运动后不会马上停下来。

提问：

（1）看到了什么现象？——锻炼学生仔细观察的能力。

（2）物体为什么会动？——学生会很自然地想到力可以改变物体的运动状态。

（3）物体为什么会停下来？

——一部分学生会依据经验回答：因为不受力。

——程度较好的学生会想到物体还受到了阻力。

（4）你能得出什么结论？

学生得出的结论大致分为两类：

（1）物体的运动需要力维持。

（2）物体的运动不需要力维持，物体停下来是因为受到阻力。

这样我们就把学生头脑中对力与运动关系的原有认识挖掘出来，显然一部分同学的认识是对的，也有相当一部分同学的认识是错的。这个时候学生头脑中固有的经验受到了第一次冲击，学生会感到非常疑惑：物体运动到底需不需要力呢？学生开始思考，迫切地想解决这个问题，但是又感觉无从下手。这时候教师可以帮学生一把，引导学生认识这两个观点的对立性。

验证方法："反证法"，即通过证明观点（2）的正确与否来确定谁对谁错。

思路：设计实验使阻力消失。若物体还能运动，则此观点正确；反之错误。

2. 围绕问题设计实验

学生开始着手设计实验，探究阻力消失时，物体是否还能继续运动。但是学生却又感觉难以下手，甚至认为这根本就是无法探究的问题，因为根本就找不到不受力的物体。此时，我们可适当为学生搭建支架，引导学生回忆我们是如何得到"真空不能传声"这一结论的？类比真空铃实验，设计实验，突破难点。利用"实验探究+科学推理"这一理想实验方法，将"若阻力消失，物体是否还能运动"的问题分以下两步进行解决：第一，探究阻力对物体运动的影响；第二，依据阻力对物体运动的影响的结论进行推理。

（1）步骤一：探究阻力对物体运动的影响

学生知道解决问题的方法后，利用教师提供的器材，结合导学单与课本设计实验。由于学生之间存在差异，在学生设计完实验之后，教师根据学生实验设计的完成情况，进行适当的点拨，帮助完成情况较差的学生理解并掌握实验要点。

学生通过实验最终得出结论：平面越光滑，受到的阻力越_____，小车运动的距离越_____，速度减小得越_____。

（2）步骤二：依据实验规律进行推理

实验中：

① 如果我们把表面换成更光滑的冰面，小车的运动情况会有什么变化吗？

② 如果表面比冰面更光滑，光滑到没有阻力，小车会怎样运动？

③ 如果表面绝对光滑，且将实验室内空气抽走，形成真空环境，小车运动会怎样？

学生通过推理得出结论：

物体的运动不需要力，力是改变物体运动的原因。物体不受力时运动状态不会改变，即当物体不受力时，原来静止的物体保持静止，原来运动的物体保持匀速直线运动。

我们通过问题的引导，让学生相互讨论、交流，确定解决问题的思路、方法，自主制订方案，进行实验。利用理想实验方法，透过阻力对物体运动的影响这一实验现象，让学生认识到力与运动关系的本质，将本节课的核心教学目标与学科的核心素养具体落实。

核心目标：力与运动的关系

核心素养：基本概念——力是改变物体运动的原因

探究方法——理想实验

科学思维——从现象到本质

科学态度——认真求实

（二）牛顿第一定律

教师以此梳理力与运动观的发展简史，确立牛顿第一定律，帮助学生对知识进行整体感知，增强学生敢于质疑、敢于探究的信心。

接下来给学生一点时间，让学生交流思考导学单问题，解读牛顿第一定律。

（三）惯性

教师由牛顿第一定律带领学生进行分析，直指保持物体原有运动状态不变的性质——惯性。学生阅读惯性相关内容，了解惯性，认识惯性。

教师通过问题引导，帮助学生认识惯性。

惯性是保持物体原有运动状态不变的性质，那么惯性越大，物体保持原有运动状态不变的性质就越_____，物体的运动_____就改变，那么，具有什么样属性的物体运动状态难改变呢？——质量。以质量为由，继续引导学生认识：

（1）一切物体都有惯性（有质量就有惯性）。

（2）惯性是物体的固有属性，可以利用，但不能防止，我们只能防止惯性带来的危害。（物体质量不变，物体惯性就不变）

最后让学生尝试利用惯性解释生活现象，以几道习题检测本节课教学目标的落实情况。

七、教学反思

物理是一门非常严谨的科学，容不得一丝错误；物理也是一门非常民主的科学，需要有不同的声音。学物理，不仅是学习物理知识，更是学习解决问题的方法。想要学生学好物理，必须时刻记得教学的目标是什么，必须从目标出发，围绕目标进行教学设计。但本节课内容多，难以理解，并且都是抽象的理论。设计学生理想实验探究过程能很好地帮助学生突破思维障碍，认识力与运动关系本质。由于教学时间不好掌控，容易超时，在学生实验时，教师应利用教材以及导学案，帮助学生预习、设计实验，节省教学时间。

"流体的压强"教学设计

一、教材与学情分析

本节是课标"内容标准"下"科学内容"的"一级主题——运动和相互作用"下的"二级主题——机械运动和力"中明确规定的知识点，又是课标"内容标准"下"科学探究"的一部分。学生已经对压强、液体压强、大气压强有了了解，但对生活中一些常见的与伯努利原理有关的现象还不清楚。教材正是按照以学生发展为本，让学生在兴趣的激励下，亲身经历科学的探究活动，从而获得知识、学到方法、发展能力、提高科学素养。伯努利实验对于学生来说是很神奇的，因此教材从该实验导入，激发学生兴趣和求知欲，并通过实验探究激发学生思考，让学生探究物理规律，学会应用物理知识解决实际问题，体现了从生活走向物理，从物理走向社会的课程理念。

二、教学目标

（一）知识与技能

（1）初步了解流体的压强与流速的关系。

（2）能用流体的压强与流速的关系分析机翼升力产生的原因。

（3）能用流体的压强与流速的关系简单解释生活、生产中的一些现象和应用。

（二）过程与方法

（1）通过观察，认识流体的压强跟流速有关的现象。

（2）通过探究，获得流体的压强跟流速有关的初步规律。

（3）通过体验，理解由流体压强差异产生的力。

（4）通过应用，提高解决实际问题的能力。

（三）情感态度与价值观

（1）感受物理学的魅力，激发对物理学的兴趣，培养关注身边现象的习惯和对科学的热爱。

（2）了解科学原理的价值，培养科学的价值观。

（3）培养交流讨论意识和协作精神。

三、教学重难点

（1）教学重点：通过实验探究得到流体的压强与流速的关系。

（2）教学难点：运用流体压强与流速的关系解释飞机升力成因及其他相关物理现象。

四、教学用具

（一）教师用具

自制的多媒体课件、小纸条、硬币、飞机升力演示器等。

（二）学生用具

小纸条每人一张、饮料吸管每组一支、水、瓶盖2个、白纸2张、每组1个硬币。

五、教学设计思路

本课通过一个小纸条实验，让每一个学生都参与到课堂中来，通过建立认知冲突，让学生充满强烈的探究欲望。整堂课以导学案为载体，以小组互助的方式进行，对于学生难以理解的知识，通过分组实验让学生完成由感性到理性的知识内化过程。为了避免教学的盲目性，教学的每一个环节、每一道习题的设置都围绕教学目标进行设置，达到了减负、高效的目的。

六、教学过程

（一）新课导入

教师用学生熟悉的哆啦A梦依靠竹蜻蜓自由飞翔的动画引入新课，展示真实的竹蜻蜓升空并提问：竹蜻蜓为什么可以升到空中？下面让我们开始今天的科学之旅。请大家拿起小纸条的一端，有哪些方法可以让下垂的另一端回到水平位置？

学生畅谈。

教师提问：如果吹纸条的上方，纸条会不会变平？

根据以往的经验，学生一般回答不会。

教师：实践是检验真理的唯一标准，下面让我们亲自试一试！

设计意图：以学生熟悉的动画片创设教学情境，营造愉悦的情感氛围，激发学生兴趣。之所以用小纸条，是因为这样的器材简单易得，而且每一个学生都有参与的机会，当学生亲自实践后发现：自己的猜想和实验结果不一样时，强烈的认知冲突激发了学生思考和探索的欲望。

读一读 记一记：阅读课本P45第一段，并完成以下问题（实现教学目标之一）：

（1）什么叫流体？

（2）流体有什么特点？

（3）流体的种类有哪些？

（二）流体压强与流速的关系

1. 液体压强与流速的关系

读一读 议一议：阅读课本P45"想想议议"和最后一段，完成以下问题（实现教学目标之二）：

（1）请观察，图6-9-1中竖管内水柱高低不同说明什么？哪一点的压强最小？

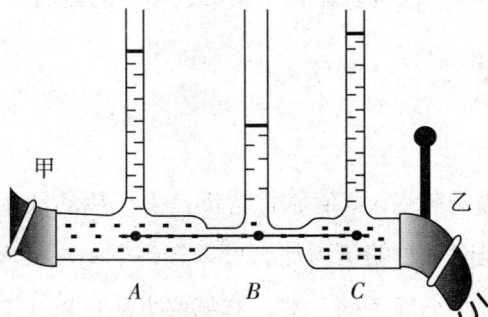

图6-9-1

（2）横管中，A、B、C三点中哪一点的流速最快？为什么？

（3）由此可见，液体压强与流速有怎样的关系？

设计意图：通过阅读让学生自主获取知识，完成知识的自我建构，符合科学的认知规律；伯努利实验学生理解起来比较困难，因此采用微课助学的方式先让学生建立感性的认识，然后在课本的图中标出A、B、C三点，让学生比较三点的压强，这三个点的设置，大大降低了学生理解的难度，他们利用液体压强的公式很容易地比较出了三点的压强，这种尝试也引领了学生用科学的方法创新性地解决遇到的问题。

我来动手做一做：用两个瓶盖模拟两只小船，用针管向中间喷水，观察瓶盖怎样运动，并解释为什么。

2. 气体压强与流速的关系

做一做　议一议：按照课本P46"观察与实验"中的步骤进行实验，完成以下问题（实现教学目标之二）：

（1）两张纸是怎样运动的？

（2）这说明气体压强与流速有怎样的关系？

（3）流体（气体和液体）压强和流速之间的关系是什么？

做一做　议一议：按照课本P46"想想议议"中的步骤进行实验，利用气体压强与流速之间的关系对实验现象作出解释（实现教学目标之三）：

设计意图：再好的讲解也无法替代学生的亲身感悟，所以用身边的瓶瓶罐罐让学生自主思考，循序渐进地得出流体压强和流速的关系是非常重要的，所以设置了三个小实验，最后总结分析得出流体压强的规律。为了增加课堂的趣味性，我给吹硬币实验这个环节命名为"挑战不可能"，在学生动手实验前，先让学生猜想硬币能否跳过笔，大多数学生认为不能，当发现硬币可以跳过去的时候，学生的激动和兴奋是溢于言表的。

（三）飞机的升力

读一读　议一议：阅读课本P47，完成以下问题（实现教学目标之三）：

（1）机翼的横截面是什么形状？请在下方画出来。

（2）当气体流过机翼时，上方和下方的流速有什么关系？（气体通过机翼分为上下部分，路程不同，时间相同，流速不同。）

（3）机翼上方和下方的压强存在怎样的关系？

（4）几十吨的飞机为什么能腾空而起？

（5）教师演示：飞机升力演示。（图6-9-2）

图6-9-2

设计意图：尽管知道了流体压强的特点，但很多学生对于升力能使几十吨的飞机起飞还是持怀疑态度，因此通过实物展示加深学生的认识是很有必要的。

读一读　想一想：阅读课本P48，完成以下问题（实现教学目标之三）：

（1）两船为什么会相撞？

（2）为什么判"奥林匹克号"操作失误？

（四）梳理反思

请同学们对照学习目标整理、完善导学案，组内交流心得，交流困惑。

设计意图：让学生尝试解释身边的现象，达到学以致用的目的，让学生经历由生活到物理、由物理再到生活的完整认知过程。通过梳理反思环节，学生建立自己的知识结构，通过小组互助的方式及时解决自己的困惑，达到了"我教人人，人人教我"的目的。这种方式能够满足学生个性化的问题需求，这样的效果靠教师一个人的力量是很难达到的。

（五）自我检测

自主完成以下试题，检验自己的学习效果。

（1）什么叫作流体？（检验教学目标之一）

（2）流体的压强与流速之间的关系是什么？（检验教学目标之二）

（3）在火车站和地铁站台上，都画有一条安全线，当火车快速开过时，人越过这条线就会有危险。这是因为，火车开动时，靠近火车的地方气体_____，压强_____，离站台远的地方气体_____，压强_____，强大的气流会_____。（检验教学目标之三）

（4）回老家的时候听老人抱怨：家里的炉灶，刮北风的时候，炉火很旺，刮南风的时候会倒烟。你能解释这是为什么吗？如何改进？（选做）（检验教学目标之三）

设计意图：每一道习题的设置都不是盲目的，针对每一个教学目标设置相关的习题，避免用题海战术加重学生的课业负担。第四题是一道生活味道很浓的习题，目的是引导学生养成观察生活并尝试用知识解决生活中困难的创新习惯，因为物理知识只有融入到日常生活中，才会有鲜活的生命力，在生活中创新是我们一贯的追求。